AF873978

Helmut Frangenberg

LUDWIG SEBUS

Ein kölsches Jahrhundert

Dabbelju Verlag

Zweite Auflage 2025

Korrektur: Renate Da Rin
Umschlaggestaltung & Satz: Matthias Langer, m-design, Köln
Titelbild: Heribert Nagel
Printed in EU
ISBN 978-3-939666-59-2

Nur Hollywood ist größer 4
Arena frei d'r Narretei, et weed de Aap gemaht

Werte für ein ganzes Leben 10
Kindheit in einem christlichen Elternhaus

„PX krepiert, HJ marschiert" 24
Unangepasste Jugend in Zeiten der Nazidiktatur

Chronik des Haus Büchel 39

Als Hunger das Heimweh vertrieb 49
Not und Elend im Krieg und in Gefangenschaft

„Dann kommt die Vernunft des Glaubens ins Spiel" 63
Ludwig Sebus über den Glauben, den lieben Gott und ein Leben nach dem Tod

Jede Stein en Kölle es e Stöck vun der 65
Aufbau und Verdrängung in der Nachkriegszeit

Als Gott noch die Unzucht strafte 87
Familiengründung in Zeiten der Doppelmoral

„Wenn du laachs, kannste keine Krach aanfange" 98
Ludwig Sebus über das Geheimnis einer langen Ehe, die Familie und die Liebe

Dann geh'n wir in die Kellerbar 100
Ausflüge in die hochdeutsche Schlagerszene

„Dann deit huh et Hätz mir schlage" 106
Der kölsche Geschichtenerzähler

Das Gesamtkunstwerk 131
Ein Grandseigneur als engagierter Zeitzeuge

QR-Codes, Autorenporträt, Danksagung, Fotohinweise 147

Nur Hollywood ist größer

Arena frei d'r Narretei, et weed de Aap gemaht

Ein Mariechen fliegt über der Bühne, Rosa Funken reiten auf Steckenpferden. Artisten, Tanzgruppen, Clowns, kölsche Sänger und Büttenredner begeistern das Publikum „zwischen Nostalgie und Wahnsinn", wie die Veranstalter meinen – und Ludwig Sebus ist mittendrin. Zum Finale des „Sitzungszirkus" in der Volksbühne betritt der 93-Jährige die Bühne, um den „Circus Colonia" zu besingen: „Arena frei d'r Narretei, et weed de Aap gemaht!". Hinter ihm wedeln die Pink Poms, die männlichen Cheerleader des Sportvereins SC Janus, in knappen Lederhosen mit lilafarbenen Puscheln. Das Ensemble von „Kölsch es Trumpf" hat ein neues Karnevalsformat aus der Taufe gehoben. Akteure des klassischen Fastelovends treffen auf Künstler der schwulen Karnevals- und Travestieszene. „Weil jet Spaß brutnüdig es" heißt es im Untertitel in Anspielung auf die Unterhaltungs-

Ludwig Sebus besingt zum Finale des „Sitzungszirkus" des Ensembles „Kölsch es Trumpf" auf der Volksbühne den „Circus Colonia".

programme, die kurz nach dem Zweiten Weltkrieg im halbfesten Winterquartier des Circus Williams nicht weit entfernt von der Volksbühne am Aachener Weiher im zerstörten Köln für Ablenkung vom Alltag sorgten.

Der Altmeister des kölschen Fastelovends ist hier nicht irgendeine Programmnummer. Ludwig Sebus ist auch als Zeitzeuge hier, weil er vor rund 65 Jahren selbst in der riesigen Veranstaltungshalle aufgetreten ist. Der Gürzenich war wie die meisten anderen Säle noch nicht wieder aufgebaut. Deshalb wurde das Winterquartier des Zirkus als Provisorium für Karnevals-, Sport- und Musikveranstaltungen genutzt. Für den Sänger ist das eine ganz besondere Erinnerung – nicht nur weil mit ihr sein Durchbruch im Karneval verbunden ist. Der Williamsbau, der schon zwei Jahre nach Kriegsende eröffnet wurde, ist ein Symbol für den Wunsch nach Wiederaufbau und Lebenslust in einer von Fliegerbomben zerstörten Stadt. Sebus sang dort damals seine Mut machende Hymne auf die Stadt und alle, die mit anpacken wollten: „Jede Stein en Kölle es e Stöck vun der".

Die Gastauftritte zum Finale der bunten Karnevalsschau in der Volksbühne sind zwei von über 40 karnevalistischen Terminen während der Session 2019. Der Beobachter staunt über die Kondition und die Vitalität, die Professionalität und unglaubliche Bühnenpräsenz des 93-jährigen Grandseigneurs der kölschen Szene und fragt sich, ob er es mit einem biologischen Wunder zu tun hat. Doch der Bestaunte meint beim Durchblättern der handgeschriebenen Notizen in seinem Karnevalsterminkalender nur: „Dat wor doch janit esu vill." „Viel" ist eben relativ. Auftreten und singen wolle er nur noch bei besonderen Anlässen, sagt er. Es finden sich einige von diesen Anlässen im Kalender: Gottesdienste von Karnevalsgesellschaften, Ehrungen, Jubiläen oder eine Einladung des „Humba Efau" ins Gloria. Bei den alternativen Karnevalisten hat er Begeisterungsstürme ausgelöst, weil er sich beim Gesang nicht von der springenden und aussetzenden Playback-CD irritieren ließ. „Man muss einfach weitersingen", sagt er hinterher. „Man darf sich nie mit dem Publikum oder der Musik anlegen, auch wenn sie was falsch gemacht haben."

Zu den Auftritten kommen Einladungen zu Regimentsappellen, Sitzungen und Interviews im Radio oder im Odeon-Kino. Mal ist er Ehrengast, mal Schirmherr und auch schon mal „Ehrengeschenk", wie beim 85. Geburtstag der Cousine von Karl Berbuer am Karnevalssamstag. Auch kann man ihn immer noch als Sitzungspräsidenten erleben. Bei der Sitzung der Sozialbetriebe Köln (SBK) übergibt er nach 33 Jahren das Amt an einen über 60 Jahre jüngeren Nachfolger; die etwas kleinere Veranstaltung der SBK in Mülheim will er jedoch auch in Zukunft weiter leiten. Ende Januar eröffnet er sichtlich gerührt die Karnevalsausstellung der Sparkasse, die sein Lebenswerk rühmt. „Ich habe Vergleiche nur zu ziehen mit Hollywood", scherzt der Geehrte. Fotos und Plakate, Urkunden, Notenblätter, Plattencover und Medaillen dokumentieren sein Leben. In einer Vitrine liegt eine uralte Russenkappe neben einer Zeichnung, die das Lager zeigen soll, in dem er inhaftiert war – Erinnerungen an die schwere Zeit in russischer Kriegsgefangenschaft.

Wer heute Ludwig Sebus ehrt, verneigt sich nicht nur vor einem großen Unterhaltungskünstler, einem Conférencier der alten Schule und einem kölschen Original. Gewürdigt wird auch ein besonderer Mensch und glaubwürdiger Zeitzeuge, der vor Krieg, Rassismus und Rechtspopulismus warnt und der aus seinem tiefen christlichen Glauben das Gebot ableitet, aus Fremden Freunde zu machen.

Es mutet seltsam an, dass jemand, der so unter dem Krieg und seinen Folgen gelitten hat, der die deutsche Wiederbewaffnung ablehnte und leidenschaftlich für Frieden und Versöhnung streitet, im Karneval mit militärischen Titeln überhäuft wird. Diese seltsame Art der Ehrung gehört beim Volksfest im „Biotop für Bekloppte", wie der Kabarettist Jürgen Becker Köln nannte, dazu. Bis zu einem gewissen Grad mache er das alles mit, sagt Sebus. Doch zu arrogant und blöd dürfe es nicht werden, wenn Karnevalisten mit militärischen Dienstgraden hantieren. Am liebsten hat er es, wenn es mit einem Augenzwinkern wie bei seinen Roten Funken passiert. Und auch bei der 1. Damengarde Coeln, die ihn in der Session innerhalb einer halben Stunde vom Oberst zum Ehren-Generalfeldmarschall befördert, nimmt man es nicht ganz so genau. „Das war das Höchste, was wir zu vergeben haben", so Präsidentin Elena Navarini. „Wenn es einer verdient hat, dann er." Zum Dank will der Feldmarschall den Damen – „80 Frauen in schmucken Uniformen, ein tolles Bild" – einen Regimentsmarsch schreiben. Auch das macht er weiterhin – 34 Jahre nach seinem offiziellen Rücktritt aus dem Sitzungskarneval. Bei den Roten Funken ist er mittlerweile General, bei der Bürgergarde Blau-Gold Marschall; beim Reiterkorps

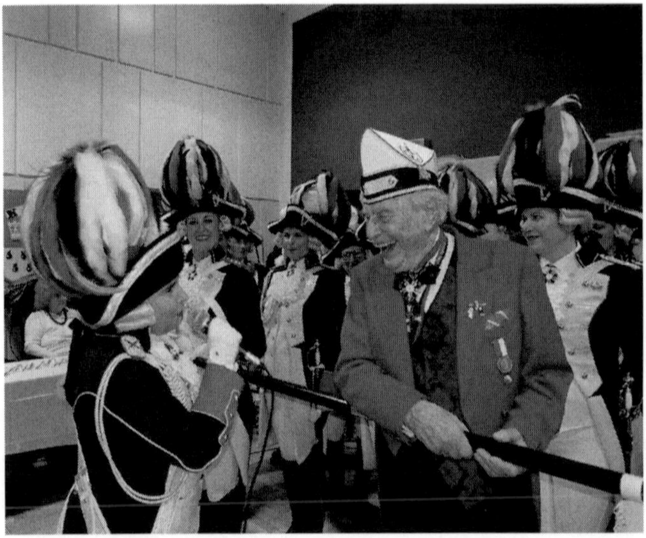

Beförderung zum Ehren-Generalfeldmarschall bei der 1. Damengarde Coeln.

Jan von Werth und bei den Altstädtern darf er sich Obrist nennen, bei den Blauen Funken Hauptmann. Bei der Ehrengarde ist er Rittmeister, bei den Husaren Leutnant – und in Pulheim musste er sich auf ein Bänkchen knien, weil er dort zum Ritter geschlagen wurde. „Mit so vielen militärischen Titeln und Funktionen könnte ich eine riesige Armee aufstellen und dem Putin sehr gefährlich werden."

Über hundert Ehrungen hat Ludwig Sebus mittlerweile angesammelt. Ein Mann mit seinem Gedächtnis für Zahlen und Namen könnte sie wohl alle aufzählen. Wichtiger als die Daten ist aber etwas anderes: Wenn er erzählt, wird Geschichte lebendig. Wer zuhört, staunt und lernt. Seine Erinnerungen an seine Jugend in der NS-Zeit, seine Zeit im Krieg und in Gefangenschaft sowie die Rückkehr in eine Stadt, die von der Vergangenheit nichts mehr wissen wollte, sind ein unschätzbares Zeitdokument. Sebus ist ein Kind der Generation, in der so gut wie alle mit einem lebensbegleitenden Trauma umzugehen hatten. Wie findet ein Mann, der einmal sein eigenes Grab schaufeln musste und nur knapp seiner Erschießung entkam, zurück in ein „normales" Leben? Was begleitet einen Menschen, der als Jugendlicher zum Gestapoverhör musste, und als 18-Jähriger in eine todgeweihte Infanteriedivision geschickt wurde? Was lässt sich verdrängen, was verarbeiten, was wird zum immer wiederkehrenden Albtraum? Wie geht jemand damit um, der nach über vier Jahren Kriegsgefangenschaft nach Köln zurückkehrt und erlebt, wie die rechte Hand Adolf Hitlers im Rheinland die Freiheit genießt?

Sebus selbst verweist stets auf seinen tiefen christlichen Glauben, der ihn getragen und ihm immer weitergeholfen habe. Insofern ist eine Biografie dieses Lebenskünstlers auch ein Beispiel dafür, wie ein Mensch mit einer durch und durch positiven Grundeinstellung gegenüber seinen Mitmenschen und mit ungebrochener Zuversicht den großen und kleinen Widrigkeiten des Lebens trotzen kann. Ludwig Sebus ist ein wertkonservativer Mann. Er schätzt die Empathie für den Mitmenschen und fordert einen respektvollen Umgang miteinander. Konservativ bedeutet in seinem Fall aber nicht, sich spießigen Konventionen unterwerfen zu wollen. Auch davon berichtet dieses Buch, wenn es den bigotten Zeitgeist der 50er Jahre beschreibt, um den sich Sebus nicht schert, als er seine Frau kennenlernt. Der kölsche Sänger wirkt nicht als politischer Aktivist, sondern als beeindruckende Persönlichkeit.

„Ludwig, Do häs de Nächstenliebe noh Kölle jebraht", rief bei einer improvisierten Karnevalssitzung des Stammtischs „Spät do, fröh voll" der Präsident der Klüttefunke Erftstadt-Liblar, Rainer Ostertag, durch die Kneipe, als er Sebus mit seinem Lied von der Schwarzen Madonna ankündigte. Das mag man als eine typisch kölsche Übertreibung abtun. Der Satz zeigt aber deutlich, wofür Sebus in den Augen vieler steht. Und er dokumentiert eine tiefe Bindung an dieses rheinische Biotop, das den Mythos, ein bisschen anders als die anderen zu sein, so intensiv zu pflegen weiß, dass der Mythos tatsächlich Fakten schaffen kann. Sebus ist fest davon überzeugt, dass es so etwas wie die von ihm besungene „kölsche Siel" wirklich gibt. Ein Buch über ihn kann somit eine weitere Annäherung an dieses Phänomen sein. Für Sebus hat die Selbstdefinition der Kölner und des Kölschen nichts Abschottendes und Ausgrenzendes. Sie ist ein zukunftstaugliches Integrationsangebot in einer wachsenden und sich rasant verändernden Stadt.

Dieses Buch ist nicht das erste, das sich mit dem Leben und Wirken von Ludwig Sebus beschäftigt. Es profitiert von der Arbeit, die sich Hans-Jürgen Jansen („Zur Freundschaft zählt ein frohes Herz") sowie Gerti Prescher, Robert Tabert und Heinz Weinand im Rahmen ihrer Diplomarbeit für die Akademie för uns Kölsche Sproch („Jede Stein en Kölle es e Stöck vun mir“) gemacht haben. Außerdem findet sich im digitalen Videoarchiv des NS-Dokumentationszentrums der Stadt Köln ein langes Interview mit weiterführenden Informationen zu zeitgeschichtlichen Hintergründen, das im Rahmen des Projekts „Erlebte Geschichte“ entstand.

Für dieses Buch fanden in der Zeit von März bis Juni 2019 mehrere Gespräche mit Ludwig Sebus, seinen Kindern und einigen Weggefährten statt. Im Zuge der Recherchen wurde die „Chronik des Haus Büchel“ im Bergischen gefunden, die Sebus selbst bis dahin nicht kannte, obwohl sie eine wichtige Zeit seines Lebens illustriert. Dieses Buch dokumentiert einige Seiten dieses der regionalen Geschichtsforschung bislang unbekannten Zeitdokuments aus den 30er und 40er Jahren.

Um sein Wirken als Sänger anschaulich zu machen, finden sich an einigen Stellen im Buch sogenannte QR-Codes. Wenn man diese Zeichen mit dem Smartphone und einer entsprechenden, kostenlos erhältlichen App zum Scannen erfasst, kann man einige Lieder des Sängers hören.

Werte für ein ganzes Leben

Kindheit in einem christlichen Elternhaus

Der Verkauf von Konfetti und Luftschlangen war verboten, genauso wie das öffentliche Tragen von Kostümen und das Singen von Karnevalsliedern auf der Straße. Fröhliche Kundgebungen entsprächen nicht der „ernsten Zeit“, hatten die Verantwortlichen im deutschen Kaiserreich nach Beginn des Ersten Weltkriegs verfügt. Das Karnevalsverbot blieb nach Kriegsende 1918 in Kraft, als britische und französische Besatzungstruppen die Regeln im Rheinland bestimmten. Noch 1925, im Geburtsjahr von Ludwig

Kölner Altstadt und Frankenwerft in den 1920er Jahren.

Die britischen Soldaten gehen, die Roten Funken kommen. Mit einem Augenzwinkern kommentiert die Postkarte 1926 das Ende der britischen Besatzung.

Sebus, waren der Rosenmontagszug genau wie öffentliche Karnevalssitzungen noch nicht wieder erlaubt. Es ist eine Zeit voller Widersprüche: Die Folgen des Weltkriegs, zu denen Besatzung und Bestrafung durch die Sieger gehörten, die deutschnationale Gegenreaktion vieler Organisationen im Land der Besiegten und die Aufbruchstimmung der „Goldenen Zwanziger Jahre" in Kultur, Kunst und Wissenschaft prägten gleichermaßen den Alltag der Menschen.

Der Journalist Joseph Roth beschrieb Köln, wo 1925 rund 700 000 Menschen wohnten, als vielfältige Metropole in einer „Atmosphäre aus Rheinlyrik und Heiterkeit". „Es ist etwas von Berlin in dieser unpreußischen Stadt. Sie ist lauter, als sie sein müsste, hastiger, als ihr zusteht; sie übertönt die Ehrfurcht, die der Fremde vor ihr empfindet." Köln sei „nicht malerisch", das äußere Bild wirke „geradezu amerikanisch". „Und in den Straßen spricht man Englisch, Französisch, Russisch und Jiddisch." Die weltoffene, lebendige Stadt war aber gleichzeitig auch Schauplatz von weniger heiteren nationalistischen Inszenierungen. Man feierte die 1000-jährige Zugehörigkeit zum Deutschen Reich – ein etwas konstruiertes Jubiläum, das seinen Grund in der Eingliederung Lothringens ins Ostfrankenreich 925 fand. Der vergessene Herzog Giselbert von Lothringen hatte sich damals König Heinrich I. unterworfen. Im Februar 1926 berichtet die Kölnische Zeitung vom „heiligen Schwur der Treue", der sich manifestierte als „aus hunderttausenden Kehlen die Nationalhymne ‚Deutschland,

Der kleine Ludwig 1927 beim Fotografen.

Ludwig Sebus als Fünfjähriger.

Deutschland über alles!'" bei einer „Mitternachtsfeier am Kölner Dom" erklang. Die Zeitung schrieb über eine „weltgeschichtliche Stunde", wie sie meinte. Anlass für das Bekenntnis zum „deutschen Vaterland" war das Ende der Besatzung, das nach den internationalen Verträgen von Locarno möglich wurde. Nicht Frieden und Aussöhnung mit den Kriegsgegnern wurden hier pompös gefeiert, sondern der „alle politischen Zwistigkeiten" überlagernde Gedanke, „dass wir ein deutsches Volk sind, in Not und Tod zusammengehörend".

Jakob Theodor und Maria Sebus wohnten zu dieser Zeit mit ihrem fünf Monate alten Sohn Ludwig in der Lützowstraße 15 am Rande des Belgischen Viertels. Vater Jakob, der in Köln natürlich Köbes gerufen wurde, hatte ein kleines Geschäft in der Gertrudenstraße, unweit der Kirche St. Aposteln und des damaligen Reichshallentheaters. Der 1884 in Köln geborene Handwerker war Vergolder und Glaser, sein Geld verdiente er vor allem mit dem Rahmen von Bildern. Nach dem Ersten Weltkrieg hatte sich der ehemalige Soldat eine kleine Existenz aufgebaut. Die Erinnerung an den Ersten Weltkrieg tauchte in der Familie bestenfalls in Form von Anekdoten auf. „Verzäll mir widder jet vum Päd", spottete die Mutter, wenn Köbes mit Kameraden

Familie Sebus um 1930.

der von Pferden gezogenen Feldartillerie zusammensaß. Das Erlebte hatte aus Köbes Sebus keinen Pazifisten gemacht, obwohl er die furchtbare Schlacht von Verdun überlebt hatte, bei der über 700 000 deutsche und französische Soldaten gefallen waren. Um dem Grauen zu entgehen, soll Jakob Sebus mit Kameraden gemeutert haben, berichtet sein Sohn. Der Vater hätte gehofft, auf diese Weise ins sichere Gefängnis zu kommen. Der Plan ging nicht auf, eine eher harmlose Bestrafung – sie wurden einen Tag lang mit nacktem Oberkörper am Untergestell einer Kanone festgebunden – erfolgte vor Ort. Danach mussten sie zurück in die Schützengräben.

Maria Sebus war auf einem Bauernhof in Senden im Münsterland aufgewachsen. Nach der Hochzeit 1924 folgte sie ihrem zehn Jahre älteren Ehemann aus dem Dorf in Westfalen in die große Stadt, wo sie am Samstag, dem 5. September 1925, ihr erstes Kind zur Welt brachte. Der Junge bekam den Vornamen des Großvaters. Fast drei Jahre später kam ihre Tochter Hella zur Welt.

In seiner Erinnerung beschreibt Ludwig Sebus seine Mutter trotz der westfälischen Herkunft als „richtiges kölsches Mädchen". Sie sei offen für alles Neue gewesen und habe deshalb leicht mit fremden Menschen Kontakt gefunden. Sie konnte Karneval feiern, war musikalisch, konnte dichten und hatte viel Phantasie. Sein Vater sei eher ein Macher gewesen, ausgestattet mit einem klaren Blick für andere Menschen. Der Sohn bezeichnet ihn als bescheiden und gelassen. Während die Mutter die Menschen gerne in „gut“ und „böse“ eingeteilt habe, sei der Vater eher der versöhnliche Typ gewesen. Ludwigs Tochter Monika Rück erinnert sich im Rückblick an ihren Opa als „richtigen Kölner mit einem großen Herzen und überschwänglicher Freundlichkeit“. Was beide auszeichnete, sei ein festes Fundament an Werten gewesen, so Ludwig Sebus. „Das waren vor allem christliche Nächstenliebe und ein klares Bekenntnis zur katholischen Kirche.“ Dieses Fundament hätten sie durch ihre Erziehung an ihre Kinder weitergegeben.

Wenn Ludwig Sebus über seine Familie spricht, darf die Geschichte einer bekannten Ahnin nicht fehlen, die von vielen – darunter Goethe und Napoleon – geehrt wurde. Als Siebzehnjährige soll Johanna Sebus im Januar 1809 Verwandte und Nachbarn aus dem Hochwasser des Niederrheins gerettet haben und dabei selbst ertrunken sein. Wie die Verwandtschaftsverhältnisse zu der Kölner Familie Sebus genau aussehen, lässt sich nicht nachvollziehen, was aber keine große Rolle spielt. Denn als mutiges Vorbild für aufopfernde Nächstenliebe, auf das man als Familie gerne stolz verweist, taugt Johanna allemal. Und wer kann schon von Vorfahren berichten, die Johann Wolfgang von Goethe mit eindrucksvollen Reimen

Familie Sebus im Jahr 1931, rechts Vetter Ludwig Fiege.

lobte? „Der Damm zerreißt, das Feld erbraust. Die Fluten spülen, die Fläche saust." So beginnt seine Hommage an Johanna. Die Zeilen wurden zur ritualisierten Begrüßungsformel, wenn Ludwig Sebus und der Kölner Kardinal Josef Frings aufeinandertrafen. Als dem Kardinal 1951 der damalige Vorsitzende des Jugendverbands des „Katholischen kaufmännischen Vereins" (Jung-KKV) vorgestellt wurde, halfen Johanna und Goethe beim Aufbau einer bleibenden Verbindung. Von da an hätten sie sich bei jedem Wiedersehen mit Goethes Worten begrüßt, so Sebus.

Als Kind verbrachte er viel Zeit im Geschäft seines Vaters, dem er bei der Arbeit zusah. Hinter einer Verkaufstheke befand sich die Werkstatt mit einem Arbeitstisch, ein großes Schaufenster präsentierte gerahmte Gemälde. Er erinnert sich an die Theaterleute aus dem Reichshallentheater, die vorbeikamen. Das Theater war nach Opern- und Schauspielhaus das drittgrößte der Stadt. Der Bühnenmeister zählte zu den Bekannten des Vaters, was der Familie immer mal Freikarten sicherte. So habe er bei einer Weihnachtsveranstaltung in der ersten Reihe gesessen und sei prompt von Hans Muff, dem unfreundlichen Begleiter des Nikolauses, auf die Bühne geholt worden. Auf die Frage, ob er denn immer brav gewesen sei, habe er etwas gezögert, weil er erst am Morgen die Puppe seiner Schwester aus dem Fenster geworfen hatte. Als Hans Muff dann andeutete, ihn verprügeln zu wollen, habe er sich vom Nikolaus weggerissen und ihm gesagt, dass er nicht bleiben könne, weil er dem Vater beim „Enrahme" helfen müsste.

Auf dem Programm des Theaters standen Operetten und Revuen. Varietékünstler und Zirkusartisten waren zu Gast. Einer von ihnen war ein Zauberer gewesen, der angeblich als Erster einen Elefanten „fottzaubere kunnt", erzählt Ludwig Sebus in einer kölschen Geschichte, die er für eine Doppel-CD zum 80. Geburtstag („Uns kölsche Siel") aufgenommen hat. Das muss den kleinen Ludwig und seine Freunde schwer beeindruckt haben. Der Elefant stand als „Reklame-Gag" vor dem Eingang herum. Kinder hätten sich auf ihn draufsetzen können. „Die Haare haben gepiekt wie Stecknadeln." Einen Schrei vor Schmerz habe der Elefant mit einem lauten Trompeten gleich neben seinem Ohr beantwortet. Da habe er befürchten müssen, dass dies das Signal für den Zauberer war, um ihn zusammen mit dem Tier wegzuzaubern. Er habe sich schon „en de afrikanische Bösch" gesehen.

An den Karneval der 20er und 30er Jahre hat Ludwig nur wenige Erinnerungen. Es gibt ein Foto, das ihn als kleinen Jungen in einem Clownskostüm zeigt. Der Fastelovend sei eben damals etwas ganz anderes als heute gewesen. Nachdem die Verbote und Beschränkungen der Besatzer wegfielen, gab es zwar wieder einen Rosenmontagszug. Doch ein Fest mit Hunderttausenden maskierten Jecken ist der Straßenkarneval damals nicht gewesen. Kaum einer war verkleidet gewesen, meint Ludwig. Seine Eltern gingen zu einer Sitzung der Großen Kölner Karnevalsgesellschaft und am Rosenmontag zum Zug – das war's.

Bruder und Schwester im Karnevalskostüm in der elterlichen Wohnung.

Der große Star der Zeit war Willi Ostermann, der für Ludwig Sebus später zur wichtigen Bezugsgröße wurde. Immer wieder sollte er später mit Ostermann verglichen werden. Im Lied „Am Ostermann-Brunne", das Sebus 1963 veröffentlichte, sah er sich selbst in der Nähe des großen Mannes. Wenn er sterbe, werde er am Himmelstor den Herrn „nohm Ostermann" fragen. „E Engeleche kom do und dat laachte mich an, un dat wor der Willi, dr Ostermann!" Doch als Kind war ihm der deutschlandweit erfolgreiche Hitlieferant völlig unbekannt.

Heute kennt jedes Kind in der Stadt und ihrer Umgebung die erfolgreichen Interpreten aktueller kölscher Liedkultur und kann jedes Jahr die neuesten Hits mitsingen. Das war damals offensichtlich anders. Der Karneval, seine Lieder und Veranstaltungen spielten in der Kindheit des späteren Karnevalsstars keine große Rolle. „Un als Jugendlicher häss de met däm Fastelovend sowieso nix am Hoot", wie er im Rückblick sagt. So hörte Sebus den Namen Ostermanns erstmals als Zehnjähriger, als ein riesiger Menschenauflauf den Weg des Trauerzugs für den Verstorbenen vom Neumarkt zum Melaten-Friedhof säumte. Willi Ostermann war nach einem Zusammenbruch auf der Bühne im Kurhaus von Bad Neuenahr und einigen Wochen im Krankenhaus am 6. August 1936 gestorben. Im

In einer prächtigen Kutsche wird der Sarg Willi Ostermanns zum Melaten-Friedhof gefahren. Tausende Kölner erweisen ihm die letzte Ehre.

Krankenhaus schrieb er sein letztes Lied „Heimweh nach Köln". Vier Tage nach seinem Tod fand die Beisetzung statt, bei der Zehntausende auf der Straße standen, um Abschied zu nehmen.

Die Familie wohnte mittlerweile in der Moltkestraße. Der Sohn erinnert sich, wie sie mit dem Pferdewagen eines Milchmanns dorthin die Möbel transportiert hatten. Auch die mit Kränzen überhäufte, schwarze Kutsche mit Ostermanns Sarg wurde von Pferden gezogen, als der Junge unweit der neuen Wohnung auf der Straße spielte. „Ehrfurchtsvoll" habe er mit seiner Mutter, die er herbeigeholt habe, am Wegesrand gestaunt. Angesichts der Menschenmenge sei ihm klar gewesen, dass es sich um einen besonderen Toten handeln musste. Immer mehr Menschen schlossen sich dem Zug an. Er habe seine Mutter gefragt, wer denn da gestorben sei. Mit der Antwort konnte er nichts anfangen. Trotzdem schlossen sich die beiden dem Trauerzug an und folgten ihm auf den Friedhof. Am Grab wurde „Och, wat wor dat fröher schön doch en Colonia" gespielt. Unter den Trauergästen befanden sich viele, mit denen Sebus zwei Jahrzehnte später auf Karnevalssitzungen auftreten sollte, so die Liedermacher Karl Berbuer, Gerhard Ebeler oder August Batzem sowie der mächtige Karnevalsfunktionär Thomas Liessem. Am Grab erwies der junge Ludwig dem Verstorbenen seine Wertschätzung, bevor er wusste, welche Bedeutung Ostermann für die Stadt, ihre Kultur und Sprache hatte und in Zukunft haben sollte. Wie wichtig er für sein eigenes Leben werden würde, konnte keiner ahnen. Der Tag habe sich jedoch tief in seiner Erinnerung eingeprägt, sagt er.

Als Ostermann zu Grabe getragen wurde, waren die Nationalsozialisten bereits über drei Jahre in Deutschland an der Macht, und der offizielle

Karneval der Stadt hatte längst seinen Frieden mit der Diktatur geschlossen. In enger Absprache mit NS-Gauleiter Josef Grohé hatte der Vorsitzende des „Festausschusses des Kölner Karnevals", Thomas Liessem, eine Organisationsstruktur für das Fest etabliert, die sicherstellte, dass es nicht in der NS-Organisation „Kraft durch Freude" aufging. Das bedeutete aber nicht, dass sich der Karneval als unabhängige, eigenständige Institution seine Narrenfreiheit bewahrte. Das, was später als „Narrenrevolte" hochstilisiert wurde, war lediglich eine Absprache über organisatorische Fragen. „Von 1935 an marschierten Narrenchef Liessem und NS-Gauleiter Grohé im Gleichschritt", schreibt der Historiker Carl Dietmar in einem Artikel im Kölner Stadt-Anzeiger über den „Narrenchef mit tiefbrauner Weste". Historiker gehen davon aus, dass Liessem und Zugleiter Carl Umbreit teils unter Druck, überwiegend aber aus Überzeugung eng mit der nationalsozialistischen Obrigkeit zusammengearbeitet haben.

„Die Letzten ziehen ab" – über Immekeppel nach Jerusalem und Jaffa: Ein antisemitischer Mottowagen im Karneval 1934.

Bereits 1934 war im Kölner Rosenmontagszug ein Festwagen mitgefahren, auf dem als Juden verkleidete „Narren“ mit Bärten, schwarzen Mänteln und Hüten standen. „Die Letzten ziehen ab“ war auf dem am Rand befestigten Banner zu lesen. Sebus erinnert sich, wie er mit seiner Mutter die Wagen des Zuges im Aufstellbereich auf den Ringen angesehen hat. Als Achtjähriger war er zu jung, um zu verstehen, was hier geschah. In seine Erinnerung brannte sich ein, was seine Mutter zu ihm sagte: „Was die heute mit den Juden machen, werden sie morgen mit den Christen tun.“ Sebus erinnert sich an einen Jungen aus einer jüdischen Familie, mit dem er auf der Straße gespielt hat. Irgendwann sei er nicht mehr zum Fußballspielen gekommen. Da habe er mal bei ihm zuhause nachschauen wollen. „Das Klingelschild war abmontiert. Die Nachbarn sagten, dass die Familie nach Süddeutschland gezogen sei.“ Nach dem Krieg habe er versucht, ihn wiederzufinden. Ohne Erfolg.

Mutter und Vater standen weiterhin fest auf ihrem „christlichen Fundament“, sagt Sebus. Und weil das NS-Programm von Anfang an kirchenfeindlich war, sei für sie klar gewesen, was von den neuen Machthabern zu erwarten war. Die Verherrlichung der germanischen Götterwelt, der Drill und das martialische Auftreten – all das sei seiner Familie „sehr zuwider gewesen“. Seine Eltern seien immer dem Zentrum „zugeneigt“ gewesen, der Partei des deutschen Katholizismus. Diese hatte sich im Juli 1933 unter dem Eindruck zunehmender Repressalien und vor dem Hintergrund des Versagens im Umgang mit den braunen Machthabern, die man durch Kooperation zu zähmen glaubte, selbst aufgelöst.

Im Rückblick ist Köln nicht selten als katholisches Bollwerk gegen die Nazis beschrieben worden – eine Verklärung, die mit den Fakten wenig zu tun hat. Zwar war die katholische Zentrumspartei bis zum Ende der demokratischen Republik 1933 in Köln die stärkste politische Kraft und die NSDAP deutlich schwächer als in anderen Regionen. Doch auch im katholischen Köln kam das Zentrum in den Reichstagswahlen der 1930er Jahre nicht mehr über 28,2 Prozent hinaus. Die NSDAP erzielte bei den beiden Wahlen 1932 über 20 Prozent. In ihren Hochburgen erreichte sie in Köln Ergebnisse von mehr als 40 Prozent. Im Belgischen Viertel hatte die Nazipartei genau wie in der ganzen Innenstadt viel Unterstützung. Zwei Straßenecken von der Wohnung der Familie Sebus entfernt befand sich das „Braune Haus“, das lokale Hauptquartier der Nazis in der Mozartstraße. Es waren nicht nur überzeugte Nationalsozialisten, die mit Hitler sympathisierten, sagt Ludwig Sebus. Weil die Not groß war, hätten viele darauf gehofft, dass Hitler für Verbesserungen sorgen könnte. Er versprach Arbeit und Brot, habe geschickt vorhandene Stimmungen aufgegriffen und gleichzeitig „neuen Hass geschürt“. „Hitler hatte leichtes Spiel.“ Die weitere Entwicklung, der Rassenwahn und die Fremdenfeindlichkeit waren für viele nicht so erkennbar“, vermutet er.

Anfangs glaubten viele, dass sich auch diese Regierung nicht lange halten würde. Man war aus der Weimarer Republik nichts anderes gewohnt. Die katholische Kirche in Deutschland und in Köln hatte sich einerseits klar positioniert: Katholiken durften nicht in die NSDAP eintreten, das Generalvikariat des Erzbistums hatte das Tragen von Parteiabzeichen in der Kirche verboten. Doch andererseits blieb die Opposition gegen die NS-Bewegung vor der Machtübernahme 1933 in kirchlichen und bürgerlichen Kreisen zaghaft und vom Irrglauben geprägt, der „braune Spuk“ gehe wieder vorbei. Die Zeitung des politischen Katholizismus in Köln, die „Kölnische Volkszeitung“, forderte das Zentrum bereits 1932 auf, mit der NSDAP zu koalieren. Man könne „die wilden Pferde zähmen“. Am 30. Januar 1933 ernannte Reichspräsident Paul von Hindenburg Adolf Hitler zum Kanzler. Am 13. März 1933, einen Tag nach der Kommunalwahl, besetzten die Nationalsozialisten das Kölner Rathaus und übernahmen damit auch hier die Macht. Oberbürgermeister Konrad Adenauer war einen Tag zuvor aus der Stadt geflohen. Es begann eine konsequente Politik der Gleichschaltung, die nach und nach alle Bereiche des Alltags erreichte.

Als Hitler und die Nationalsozialisten an die Macht kamen, war Ludwig Sebus zu jung, um zu erfassen, was um ihn herum geschah. Wie Indoktrination in der Schule funktioniert, lässt sich erst im Rückblick auf die eigene Schulzeit erkennen. Ludwig besuchte eine katholische Volksschule, die sich nicht gleich der Gleichschaltung ergab. Der volle Durchgriff auf alle Schulen gelang offensichtlich zunächst nicht, was erklärt, dass Sebus durchaus viele Lehrer erlebte, „die versuchten, sich rauszuhalten“. Doch nach und nach veränderte sich auch an den konfessionellen Schulen der Alltag im Sinne der NS-Ideologie. Unterrichtspläne wurden geändert, der NS-Lehrerbund versuchte die Lehrerschaft zu beeinflussen. Das System

Adolf Hitler grüßt die Menschenmenge vom Balkon des Dom-Hotels während seines Besuchs am 30. März 1938.

forderte Loyalität und eine Unterrichtsgestaltung im nationalsozialistischen Sinne. Sebus erinnert sich, wie schließlich „ein Mann in brauner Uniform" den katholischen Religionsunterricht erteilte und diesen für die Hetze gegen die Juden nutzte. „In den Klassen wurden die Kreuze abgehängt, es wurde nicht mehr gebetet." Auch im Geschichtsunterricht habe der „Rassenwahn" Einzug gehalten. „Als Kinder haben wir die Absicht nicht erkennen können." Ein Sportlehrer habe den Unterricht zu einem vormilitärischen Training umfunktioniert.

Auch als Kind und Jugendlicher spürte man den Druck, die aufkommende Gefahr für Leib und Leben, wenn man nicht mitmachte. Gleichzeitig staunte man über die Art und Weise, wie das Regime seine Politik zu inszenieren verstand und die Massen begeisterte. Ludwig erinnert sich an die als „Befreiung" imposant in Szene gesetzte „Rheinlandbesetzung" 1936 durch Soldaten der Wehrmacht. Hitler zeigte der Welt, dass er sich nicht weiter an den Versailler Friedensvertrag gebunden fühlte. Soldaten marschierten mit Musik über den Rhein. Das Bild sei ihm immer im Kopf geblieben. Genau wie der Hitlerbesuch zwei Jahre später. Er sei „hinbefohlen" worden. Die „Masse an Volk, durch und durch organisiert", habe ihn beeindruckt. Hitler sei auf den Balkon des Dom-Hotels getreten, „um da Jedöns ze maache". „Das war etwas Übermächtiges und ganz eigenartig." Er habe gespürt, dass hier Mächte am Werk waren, gegen die man wenig tun kann. Der „Westdeutsche Beobachter" beschrieb am 31. März 1938 einen „unvergleichlichen Triumphzug" Hitlers in Köln. „Mit ungeheurer Begeisterung" habe „das Rheinland" den Führer empfangen. Es war der vierte offizielle Köln-Besuch Hitlers seit der Machtübernahme. Einige Monate später, am 9. November 1938, brannten die Synagogen und jüdischen Geschäfte. „Da wütete ein regelrechter Mob", sagt Sebus. In der Roonstraße habe er zwei SA-Männer beobachtet, die den Davidstern demontierten. „Einer kam ins Rutschen." Er habe gehofft, dass er vom Dach abstürzt. „Wir haben als Schüler nicht das ganze Ausmaß durchschaut."

Für Ludwig bleiben die wichtigen Bezugspunkte die Familie und die katholische Pfarrei St. Michael. Hier habe er viele „sehr anständige Menschen" erlebt. Seine Eltern habe er „bewundert". Jakob Theodor Sebus wollte nicht in die NSDAP eintreten, obwohl ihn Kriegskameraden dazu drängten, wie der Sohn berichtet. „Er hat gewusst, dass er Nachteile hinnehmen muss, wenn er nicht mitmacht", sagt er. „Ich konnte das als Kind nicht verstehen. Wir kannten viele, die Arbeit fanden, in die Partei eintraten oder SA-Mitglied wurden." Man habe seinen Vater nötigen, aber auch ködern wollen, berichtet Ludwig im Zeitzeugeninterview für das Projekt „Erlebte Geschichte" des NS-Dokumentationszentrums. In allen Klassenzimmern wurden Hitlerbilder aufgehängt, ein Auftrag für 1000 Rahmungen wäre drin gewesen, „ein gutes Geschäft". Obwohl es der Familie wirtschaftlich nicht gut ging, lehnte der Vater ab. Später musste er beim Nachbarn um Geld für Brot bitten, 1935 schloss er sein Geschäft. Er wurde mit anderen Arbeitslosen und vielen Juden zur Arbeit in einer Kolonne auf dem zukünftigen „Maifeld" verpflichtet. Die Nationalsozialisten ließen an der Aachener Straße einen riesigen Platz für Großkundgebungen und Paraden anlegen. Wie er es schaffte, sich der Zwangsarbeit wieder zu entziehen, weiß sein Sohn nicht. In jedem Fall versuchte Köbes Sebus in einer Hochparterrewohnung in der Moltkestraße einen Neustart in seinem erlernten Beruf und machte sich wieder selbstständig. Die Werkstatt war etwas kleiner als am Neumarkt. Aufträge aus dem Bekanntenkreis hielten die Familie über Wasser.

So kamen die Eltern unter schwierigen Bedingungen durch die Zeit des Krieges, ohne sich mit den Nationalsozialisten einzulassen. Am Ende des Zweiten Weltkrieges wurde Jakob Theodor Sebus gar zu einem sogenannten „Stillen Helden", indem er einen Juden versteckte. Im Kindergarten und im Pfarrheim von St. Michael brachte er Hans Klestadt unter, den Vater eines früh verstorbenen Jugendfreundes von Ludwig Sebus, und versorgte ihn mit Essen und Kleidung. Der Mann überlebte den Krieg und den Massenmord dank der mutigen Tat eines einfachen, redlichen Mannes. Zu helfen „lag in der Natur der Sache und war für meinen Vater ganz selbstverständlich".

Hörprobe „Dä Elefant" ➜
(siehe Seite 15)

„PX krepiert, HJ marschiert“

Unangepasste Jugend in Zeiten der Nazidiktatur

Der Blick auf die NS-Zeit in Köln war jahrzehntelang geprägt von Zerrbildern, falscher Selbstbeweihräucherung und das Kriegsende überdauernden Einschätzungen, wer denn nun Freund, Feind, Mitläufer oder Widerstandskämpfer war. Konrad Adenauers steile These aus dem Jahr 1946 findet bis heute Nachhall: Nirgendwo sei dem Nationalsozialismus bis 1933 so offener und seit 1933 so viel geistiger Widerstand geleistet worden wie im stolzen Köln, so der spätere Kanzler der Bundesrepublik. Mancher strickte fleißig mit an der Legende, auch um sich selber möglichst rein zu waschen. Das galt auch für den Kölner Karneval, der die Mär von der sogenannten „Narrenrevolte“ als Beleg für den Widerstand gegen das Regime pflegte. Während viele Mitläufer und Verstrickte ihre eigene Rolle in der NS-Zeit recht großzügig auslegten, übernahmen nicht wenige gleichzeitig die Urteile aus der Nazipropaganda, wenn es um Gegner des Regimes ging. Das wurde offenkundig, als sich Jahrzehnte nach Kriegsende Mitglieder der Edelweißpiraten noch im hohen Alter gefallen lassen mussten, als Lügner, falsche Helden oder gar Verbrecher dargestellt zu werden.

Das waren die Folgen einer verdrängten Debatte nach dem Krieg, wo offensichtlich kaum einer Interesse an einer differenzierten Sicht auf die zurückliegenden Jahre hatte. Nicht nur diejenigen, die sich den Fragen nach Verstrickungen und eigener Schuld verweigerten, wollten die Verdrängung. Auch die meisten Zeitzeugen, die von unangepasstem Verhalten oder gar mutigem Widerstand berichten konnten, schwiegen. Die Verdrängung des Schreckens half nicht nur den Tätern. Wie hätte es sonst so schnell weiter- und bald auch aufwärtsgehen können? Die Gesellschaft musste und wollte zusammenfinden.

Als die Zeitzeugen dann Jahrzehnte später anfingen zu berichten, brach die so lange unterdrückte Auseinandersetzung in schmerzhaften Debatten auf. Dass sich daran munter Menschen beteiligten, die gar nicht dabei gewesen waren, half nicht unbedingt dabei, einen differenzierten und angemessenen Blick auf die Zeit zu bekommen. Das galt auch für diejenigen, die – als Reaktion auf die jahrzehntelange Verdrängung und die fehlende Wertschätzung der Akteure – aus unangepassten Jugendlichen, stillen Helden und aufrichtigen Bürgern in der NS-Zeit übergroße Helden und politische Widerstandskämpfer machten.

Ludwig Sebus kann von vielen solchen Menschen berichten. Die meisten haben nie eine angemessene Würdigung erfahren. So gab es in der Pfarrei St. Michael den Kaplan Wilhelm Schein, der zum Abschluss einer Messe beim Patronatsfest die Portalstüren öffnen ließ. In der Kirche bliesen vier Jungen die Fanfaren. Einer von ihnen war Sebus, wie er berichtet. Er sei der „Ersatzmann" im Bläserensemble gewesen. Weit über den Kirchplatz hinaus habe man sie hören können – ein Signal, ein stolzes Lebenszeichen gegen die Vorgabe der nationalsozialistischen Machthaber, dass das kirchliche Leben hinter verschlossenen Türen stattzufinden habe. War das ein Akt des Widerstands? Eine mutige Tat zivilen Ungehorsams? Wer das aus heutiger Perspektive beurteilen will, muss wissen, dass Wilhelm Schein wegen dieses „Vergehens" verhaftet wurde. Er war vier Wochen im Gefängnis. Mit der Verhaftung des Kaplans im Sommer 1935 datiert, habe die „Zeit der Verfolgung" begonnen, heißt es in der „Chronik des Haus Büchel", die der Jugendgruppenleiter Bernhard Linnenkohl nach dem Krieg schrieb. Der Pharmaziestudent hatte im Naaftal im Bergischen Land ein kleines Haus erworben, aus dem er einen Treffpunkt für Kinder und Jugendliche vor allem aus der Pfarrei St. Michael machte. „Eine kleine Jugendherberge" nennt Dieter Schmidt das Fachwerkhaus östlich von Overath. Schmidt bewahrt das wertvolle Zeitdokument seines „Ziehvaters" auf, das katholische und bündische Jugendarbeit vor und nach dem Zweiten Weltkrieg dokumentiert und in diesem Buch erstmals in Auszügen abgedruckt werden kann. „War das ein staatsgefährdendes Verbrechen, für das unser Kaplan mit vier Wochen Gefängnis bestraft wurde?", fragt Linnenkohl in seiner Chronik.

Sebus kann von einem weiteren „Verbrechen" berichten: Ein anderer Kaplan, der ebenfalls aus der Pfarrei am Brüsseler Platz stammte, sei zu einem Sterbenskranken gerufen worden, um die letzte Ölung zu spenden.

Im Nebenzimmer wäre über einen Volksempfänger eine Rede von NS-Propagandaminister Joseph Goebbels zu hören gewesen. Um etwas Ruhe für das Sakrament zu haben, hätte der Kaplan darum gebeten, „doch mal den Quatsch abzustellen". Sebus sagt, der Geistliche sei dafür sogar ins Konzentrationslager gekommen. Als er nach Monaten wiedergekommen sei, war er „ein gebrochener Mann". Er habe nichts von dem erzählt, was er im KZ erlebt habe. „Wahrscheinlich hatte man ihm gedroht, dass er dann sofort wieder verhaftet würde."

Sebus beschreibt sein Umfeld in der katholischen Pfarrei St. Michael im Belgischen Viertel als weitgehend „nazifrei". 15 bis 20 Fanatiker habe es gegeben – nicht viel, aber doch genug, um „alles zu versauen". Er konstatiert auch, dass die Mehrheit den politischen Wandel erduldet habe. „Man hat nicht gewusst, was man tun kann und wie man sich wehren soll." Für ihn und seine Freunde sei klar gewesen, dass die Nazis „Unmenschen" waren, „Feinde, vor denen man sich in Acht nehmen musste und denen man schaden wollte." Im katholischen Milieu – auch in seiner Familie –

Mitglieder der Katholischen Jugend, ganz rechts Ludwig Sebus, 1935 mit ihrem großen Banner, das das Christusmonogramm und einen Adler zeigt.

hätten viele die Hoffnung gehabt, dass die Wehrmacht den Spuk beenden würde. Man habe auf eine Art Putsch gesetzt, der Hitler wegfegen würde. Der blieb aus. Stattdessen wurde die Diktatur immer mächtiger und kontrollierte nach und nach alle Bereiche des Lebens. Weil es an Informationen fehlte, habe man das Ausmaß der Verbrechen nicht erkannt. Das galt auch für die Verfolgung der Juden. „Sicherlich hat man gewusst, dass das Leben für die Juden immer schwieriger wurde. Aber keiner von uns hat sich vorstellen können, dass sie in Konzentrationslagern umgebracht werden", so Sebus.

Die Kindheit und Jugendzeit von Ludwig Sebus ist eng mit dem Leben und religiösen Festen in der Pfarrei St. Michael verbunden. Seit seinem achten Geburtstag war er Mitglied der „Jungschar", die zum deutschlandweit arbeitenden Katholischen Jungmännerverband gehörte. Er wurde Messdiener, ging zur Kommunion und wurde gefirmt, während das NS-Regime immer weiter die Daumenschrauben für kirchliche Vereine und Institutionen anzog. Die „Jungschar" und die „Sturmschar" hatten ihren Ursprung in Wandergruppen. Ähnlich wie bei den Vereinen der bündischen Jugend waren Wanderungen, Zeltlagerfahrten, Gemeinschaftsleben sowie dazu gehörende Lieder, Kluft, Banner und Rituale auch Ausdruck einer Lebenshaltung. Das Zeichen des Jungmännerverbandes war das Christusmonogramm, die übereinandergeschriebenen Buchstaben X und P, die ersten beiden Buchstaben des griechischen Wortes Christus, Χριστός. Die Buchstaben waren das offizielle Erkennungszeichen für die Mitglieder. Wenn es auf Bannern öffentlich auftauchte oder als Graffiti auf Mauern gemalt wurde, galt es als Provokation und Demonstration. Das Tragen der Erkennungszeichen „auch unter Verdeckung durch zivile Kleidung" war den konfessionellen Jugendgruppen genauso wie das gemeinsame Auftreten in der Öffentlichkeit bereits seit März 1934 von der Polizei „im Interesse der öffentlichen Ruhe, Sicherheit und Ordnung" verboten worden. Die HJ beschmierte Kirchenwände mit Sprüchen wie „PX krepiert, HJ marschiert". „PX war für die Nazis genauso ein rotes Tuch wie die Navajos und die Edelweißpiraten", so Sebus in seinem Interview für das Projekt „Erlebte Geschichte". Seine Befragung stammt aus dem Jahr 2004. Im Rahmen dieses vom NS-Dokumentationszentrum der Stadt getragenen Projekts ist eine umfangreiche Sammlung von Zeitzeugenbefragungen ent-

Frühe Kampfansage der HJ an die Katholische Jugend: Wandinschrift an einer Kirchenmauer aus dem Jahr 1934. Das Christusmonogramm war das Symbol der organisierten katholischen Jugend.

standen, die man im Internet abrufen kann. Viele der Interviewten sind in den vergangenen Jahren gestorben. Es werden immer weniger, die authentisch vom Leben in der NS-Diktatur, dem Krieg und der Nachkriegszeit berichten können. Die Sammlung der Filme zeichnet ein differenziertes Bild der Zeit, zeigt aber auch, wie unterschiedlich die Wahrnehmung der Zeitzeugen bei der Beschreibung sein kann.

Für ein anderes Projekt des NS-Dokumentationszentrums, die Ausstellung „Von Navajos und Edelweißpiraten", wurde die Jungschar in der Pfarrei St. Michael als eine der Gruppen porträtiert, die sich der Hitlerjugend entzogen und vom NS-Regime verfolgt wurden, weil sie unabhängig bleiben wollten und „eigene Formen jugendlichen Verhaltens praktizierten", wie es dort etwas umständlich heißt. Im Vereinsheim in der Moltkestraße 117 hätten regelmäßig montags und freitags Heimabende stattgefunden. Es gibt Protokolle von Zeugen aus dem Jahr 1937, mit denen sich rekonstruieren lässt, wie solche Gruppenabende aussahen. Die HJ hatte die Gruppe wegen des Singens verbotener Lieder, verbotener Musikinstrumente und dem „Abhalten von Sportübungen" angezeigt. In den Vernehmungen sagten die Jungschärler aus, dass man Kirchenlieder, aber auch Lieder aus dem HJ-Liederbuch singe. Ein religiöser Vortrag gehörte genauso zum Programm wie das Vorlesen aus Abenteuerbüchern. Nach den Gruppenstunden seien die Jungen manchmal zum anliegenden Kindergarten gegangen, um „Sprungübungen" zu machen.

Von den Behörden und von Denunzianten unentdeckt entwickelte sich das „Haus Büchel" zum Zufluchtsort für Wochenendtouren, Einkehrtage und Ausflüge. Mit der Eisenbahn oder dem Postauto sei man bis Overath und dann zu Fuß weitergezogen, erinnert sich Sebus. Auch mit dem Fahrrad seien die Kinder und Jugendlichen ins Naaftal gefahren. Auf Fotos in Linnenkohls Chronik sieht man Ludwig singend mit Freunden am Tisch des Fachwerkhauses. Die „Chronik" berichtet von einer „vorzüglichen Tarnung". „Freundliche Gardinen an allen Fenstern, Blumen davor, zum Weg hinein ein Stallanbau, aus dem Stampfen und Schnauben von Pferden und das Blöken von Kälbern zu hören war, sodass jeder unser Heim für ein Privathaus halten musste. Ganz besonders vertrauenserweckend war ein riesiger dampfender Misthaufen, der vor dem Stall zum Weg hin lag, sodass selbst die Gestapo, die von unserem Haus Wind bekommen hatte und noch jahrelang danach suchte, jedes Mal wieder von Büchel abzog, ohne uns gefunden zu haben." Gestapo und Hitlerjugend hätten im Bergischen regelrechte Suchaktionen gestartet. Die Jugendlichen aus St. Michael beobachteten aus „sicherem Versteck", wie die alte, in den 1970er Jahren abgerissene Schlichenbacher Mühle bei Much gestürmt wurde, wo sich eine Gruppe „versprengter bündischer Jugend" traf. Wie

Ludwig Sebus schwenkt 1937 als Zwölfjähriger bei der Pfarrprozession in St. Michael das Weihrauchfass.

Verbrecher seien die Jugendlichen verhaftet worden, notierte Linnenkohl, „beschimpft und geschlagen und in Autos verladen". Kluft und „Fahrtenutensilien" wurden ihnen vom Leib gerissen. Alles galt als staatsgefährdendes Verbrechen, das nicht „im Rahmen der Hitlerjugend geschah".

Ein „verlorener Haufen" sei man gewesen. Das „Haus Büchel" erschien ihm „wie eine Burg, wo wir in Sicherheit waren". Im Sonntagsanzug getarnt musste man sich auf den Weg machen, weil die Gestapo und „HJ-Streifen" Jungen aufspürten, die in Kluft die Stadt verlassen wollten. „Manch 14- oder 15-jähriger Junge kam in dieser Zeit von einer Sonntagsfahrt nicht mehr nach Hause, sondern saß im Gestapokeller im berüchtigten El-De-Haus in Haft und die verzweifelten Eltern erfuhren vielleicht erst am Mittwoch oder Donnerstag darauf, wo ihre Kinder geblieben waren", heißt es in Linnenkohls Chronik. Im Bergischen wurde gewandert, gesungen, gespielt, gezeltet und im Naafbach gebadet. Im Haus wurde ein Altar hergerichtet, an dem Geistliche mit den Jugendlichen die Messe feierten. Hinter dem Altar schmückte ein verbotenes Banner den Raum: Auf einem schwarzen Adler prangte auch noch lange nach Kriegsbeginn das weiße Christuszeichen auf goldgelbem Grund.

Prozession zur Erstkommunion unter Hakenkreuzfahnen um 1936.

Es galt für die Jugendlichen, der HJ zu entgehen, obwohl deren Druck immer größer wurde. Die Mitglieder der kirchlichen Jugendorganisationen sollten sich ins „Deutsche Jungvolk“ integrieren, der Unterorganisation der HJ für Kinder und jüngere Jugendliche. Sebus nutzte die Adresse seiner Familie, die ziemlich genau auf der Grenze zwischen zwei Organisationseinheiten war, um mal dem einen und mal dem anderen zu sagen, dass er beim jeweils anderen aktiv sei. Es fiel zunächst nicht auf, dass er bei keiner der Gruppen erschien. Das habe sich aber nicht lange durchhalten lassen, weil irgendwann die Schule damit begann, Mitgliedsausweise zu kontrollieren. Als Zwölfjähriger sei er angezeigt worden und habe sich bei der Gestapo erklären müssen. Ein Schulkamerad lieh ihm ein HJ-Abzeichen, doch die Gestapo verlangte einen schriftlichen Nachweis, den er nachreichen sollte. So sei er doch HJ-Mitglied geworden, „aber nur für ein paar Wochen“. In jedem Fall sollte vermieden werden, in einer Gruppe der strengen Hitlerjugend mitmarschieren zu müssen. Die HJ habe für eine vormilitärische Ausbildung und strenge Naziideologie gestanden, so Sebus. „Eine gefährliche Kaderschule.“

Der Ausweg war, sich als Gruppenleiter für das Jungvolk ins Spiel zu bringen. Der Plan ging auf. Sebus und andere Mitstreiter wurden Teil der „Unterführerschaft“ im Jungvolk. „So hatten wir einen Freiraum, den wir nutzen konnten, um die alten Jungscharverbindungen weiter zu pflegen.“ Im Rückblick klingt die Überlegung, eine Naziorganisation möglicherweise unterwandern zu können und unter neuem Etikett das Gleiche wie vorher zu machen, recht naiv. Tatsächlich war es für die Jugendlichen aber eine Möglichkeit, im immer strenger durchorganisierten Nazireich, wo man an jeder Ecke mit Denunziation rechnen musste, eine Nische zu nutzen. Da es zudem kirchliche Räume gab, in denen man sich an einem halbwegs geschützten Ort treffen konnte, war der Handlungsspielraum der katholischen Jugend etwas größer als der der Navajos oder Edelweißpiraten. „Die wurden strenger beobachtet“, sagt Sebus. Während die Jungvolk-Gruppentreffen in der Regel in Schulen stattfanden, kam die Gruppe, die Sebus leitete, weiter in Räumen der Kirche zusammen.

Sicher konnte man sich jedoch auch hier nicht sein. Es habe schriftliche Berichte über „Verfehlungen“ gegeben. Sebus wurde angezeigt, weil er sich bei den Gruppenstunden nicht an die Vorschriften hielt. Die „weltanschauliche Unterweisung“ käme zu kurz. Es würden nicht die obligatorischen Schulungsbriefe verlesen. Als man ihn zur Rede stellte, habe er so getan, als wisse er von diesem Schulungsmaterial gar nichts. Er habe diese Briefe nie bekommen. „Ich wusste natürlich, dass es so etwas gab. Man musste sie abholen. Das habe ich aber nicht gemacht." Man brummte ihm die Teilnahme an Schulungen auf, doch zu der „Gehirnwäsche" sei es nicht gekommen.

Brenzliger wurde es, als er von der Gestapo ins El-De-Haus am Appellhofplatz vorgeladen wurde. Das Haus, das nach den Initialen seines Erbauers Leopold Dahmen benannt war, wurde nach der Beschlagnahme durch die Geheime Staatspolizei zum Inbegriff der Schreckensherrschaft der Nazis in Köln. Der Anlass für seine Vorladung war ein harmloser: Sebus hatte das Messdienergewand über die Jacke und Hose der Jungvolkuniform gezogen und so die Messe gedient. Die Uniform war Alltagskleidung, weil es nicht viel zum Anziehen gegeben hätte. Er habe im „Kleid des Führers" die Messe gedient, warf ihm der vernehmende Beamte vor. Das sei nicht zu vereinbaren. Er habe zurückgefragt, warum das so sei. „Wer kann mir denn verbieten, für den Führer zu beten?" Das klingt mutig, tatsächlich habe er sehr viel Angst gehabt. Man habe ihn laufen lassen, was wohl mit der „Einstellung" des Beamten zu tun gehabt haben muss, meint Sebus. Er sei auf einen getroffen, der nicht ganz so „verhärtet" gewesen sei. Auch einige andere, die ins El-De-Haus mussten, hätten so erklärt, dass sie ohne Strafe, Haft und Folter davonkamen. Die Inschriften an den Zellenwänden im Keller des Hauses zeugen vom Horror, den viele hier erlitten, die kein Glück hatten. Es habe „Unterschiede bei Leuten" gegeben, die im Dienst des NS-Regimes standen, ist sich Ludwig Sebus sicher. Wer ihn angezeigt hatte, habe er nie herausgefunden.

Spätestens 1939 wurde für ihn wie für andere Kölner aus der katholischen Jugend die Krypta von St. Maria im Kapitol zu einem wichtigen Treffpunkt. Hier kam jeden Samstag der „Angenendt-Kreis" zu konspirativen Treffen zusammen, die als unpolitisches Abendgebet getarnt wurden. „Mut und Stärke" habe er hier gefunden, so Sebus. Der Kaplan der Pfarrei, Reinhard Angenendt, machte die unterirdische Kapelle unter dem Chor der romanischen Kirche zu einem der zentralen Punkte im Widerstand der katholischen Jugend gegen das NS-Regime. Der Seelsorger wurde von der Gestapo überwacht. Sie verdächtigte ihn, Kinder aufzuwiegeln und zur „Bespitzelung" ihrer Lehrer aufgefordert zu haben. Wenn er oben in der

Kirche predigte, saß in der Regel ein Berichterstatter in der Kirchenbank. Was sich beim Abendgebet unter der Kirche am Samstag abspielte, war geheim. Noch nicht einmal seinen Eltern habe er davon erzählt, so Sebus. „Die wussten nur, dass ich da zu der Komplet gehe." Auch für die eigenen Eltern galt: „Je mehr Informationen verteilt wurden, desto größer war die Gefahr für die Leute. Wir wussten, wie gefährlich das war. Ich wollte meine Eltern schützen." Sein Vater und seine Mutter hätten auch nicht weiter nachgefragt. „Sie spürten, dass wir was machten. Aber sie wollten es nicht so genau wissen." Als die Bombenangriffe auf Köln begannen, habe man die Verdunklung genutzt, um unerkannt zum Treffpunkt zu gelangen. In der Krypta habe man viel diskutiert und gemeinsam überlegt, wie man mit Vorschriften und Repressalien umgehen wollte. Man habe Informationen ausgetauscht, die nicht in der Zeitung standen, und darüber berichtet, „vor wem man sich in Acht nehmen musste". Auch der Plan, der HJ zu entgehen, in dem man Führer beim Jungvolk werde, sei hier besprochen worden, erinnert sich Sebus. Das deckt sich mit einem überlieferten Bericht des Sicherheitsdienstes SD aus dem Mai 1940. Dort heißt es, dass Kapläne Jugendlichen nahelegen würden, in NS-Organisationen mitzumachen, um dort die „katholische Weltanschauung" zu verteidigen und Schwierigkeiten für katholische Gruppen zu vermeiden.

Im Umfeld des „Angenendt-Kreises" wurden Flugblätter produziert, die von den Jugendlichen alle zwei bis vier Wochen in der Stadt verteilt werden sollten. Wer die Texte verfasste, weiß Ludwig Sebus nicht. Er vermutet Bernhard Linnenkohl als einen der Verfasser. Mit den Flugblättern seien Informationen weitergegeben worden, die man nicht in Zeitungen finden konnte. Es gab Meldungen über Verhaftungen und Repressalien in Köln, kirchliche Verlautbarungen und Appelle an Menschen, die man für einflussreich hielt, um sich für ein Ende des Krieges einzusetzen, so Sebus. Er habe immer einen Stapel mit rund 30 Flugblättern mitgenommen und heimlich verteilt. „Wenn man dabei ertappt worden wäre, hätte das schlimme Folgen gehabt."

Der christliche Glaube und die katholische Überzeugung sind für die Mitstreiter in diesem Kreis das Fundament und der Antrieb für Kritik und Opposition. Für andere Katholiken waren sie das nicht. „Wir haben erwartet, dass unsere Leute eine klare Position beziehen", sagt Sebus über die

Sicht der Jugendlichen auf manchen Kirchenoberen in der NS-Zeit. Viele vertrauten lange auf das Reichskonkordat, das der Vatikan mit dem Deutschen Reich 1933 geschlossen hatte. Das Bauchgefühl, das Ludwigs Mutter beim Rosenmontagszug 1934 zum Ausdruck brachte, hatten sie nicht. Auch für die katholischen Jugendgruppen war nicht von Anfang an klar, wie sie sich positionieren sollten, schreibt der Historiker Horst Matzerath in seinem Beitrag zur Reihe „Geschichte der Stadt Köln" über „Köln in der Zeit des Nationalsozialismus". „Viele der dort organisierten Jugendlichen waren zunächst durchaus bereit, sich auf den Boden der neuen politischen Verhältnisse zu stellen. Andere beharrten auf ihrer grundsätzlichen Ablehnung des Nationalsozialismus und kritisierten die Zurückhaltung der Geistlichkeit." Je deutlicher die Kirchenfeindlichkeit des NS-Regimes jedoch wurde, desto mehr wuchs die Ablehnung auf katholischer Seite. Mit zunehmendem Druck bekam die katholische Jugendarbeit „eine kämpferische Note und besondere religiöse Intensität".

Religiöser Ritus wurde zur Tarnung für öffentlichen Protest, religiöse Feiern wurden „mittelbar zu politischen Kundgebungen", schreibt Klaus Gotto 1973 anlässlich einer Ausstellung des Historischen Archivs über Widerstand und Verfolgung. Sogenannte „Bekenntnistage", eine Kundgebung mit 30.000 Jugendlichen im Oktober 1934 im Dom oder überfüllte Kirchen beim Gottesdienst waren Ausdruck des Willens, sich nicht gleichschalten zu lassen. Noch 1937 pilgerten Tausende bei der Bonifatius-Wallfahrt der katholischen Jugend in den Dom. Jede Pfarrprozession wurde zur Demonstration. Ludwig Sebus, der als Messdiener dabei war, erinnert sich, dass alles sehr genau beobachtet wurde. Das NS-Re-

Ludwig Sebus 1941 als 15-Jähriger, wahrscheinlich auf der Brüsseler Straße.

gime habe versucht, die Aktivitäten zu überwachen. Am Wegesrand der Prozession, in der auch die eigentlich verbotenen Jungscharbanner mitgeführt wurden, hätten Leute Fotos gemacht. Auch Pöbeleien gegen die Prozessionsteilnehmer seien üblich gewesen. Zu einem ganz besonders eindrucksvollen „Affront gegen die Nazis" sei der alljährliche Bußgang der Männer nach Kalk geworden, an dem sein Vater teilnahm. „Der Schweigemarsch war wirklich eine starke Demonstration von Kölner Männern gegen die Nazis. Das war schon stark." 1938 seien über 60 000 Männer mitgegangen. „Heute kann man froh sein, wenn es 1000 sind."

Als Lehrling bei der Firma Lanz: Das Bild zeigt ihn 1940 mit einer Kollegin.

Spätestens 1937 habe sich die Kirche in einem „Abwehrkampf" befunden, weil das NS-Regime keinen Zweifel mehr an seinen Absichten ließ, so Matzerath. Die Haltung der Kölner Nationalsozialisten sei im katholischen Köln „besonders aggressiv" gewesen. Die NSDAP betrieb eine Kirchenaustrittskampagne, Katholiken wurden aus öffentlichen Ämtern gedrängt, 1939 wurden die Bekenntnisschulen abgeschafft. Die Vertreter der Kirche hätten protestiert und gestritten, legten sich aber gleichzeitig eine strikte Zurückhaltung in Bezug auf das politische System auf, lautet das Fazit des Historikers, der auch erster Leiter des NS-Dokumentationszentrums war. Erst mit dem Amtsantritt von Joseph Frings als Erzbischof 1942 habe sich das ein wenig geändert, weil dieser entschiedener gegen den Rassismus des Systems auftrat. Im Umfeld der katholischen Arbeitnehmerbewegung seien viele bereit gewesen, weiterzugehen und Widerstand zu leisten. Die Frage stellte sich für Sebus als Jugendlicher nicht. „Wir wollten denen so schaden, dass sie es spüren. Aber wir wollten nicht riskieren, dass wir dabei auffliegen. Unser Heldentum war begrenzt." Sebus nennt das „indirekten Widerstand".

„Mit Klugheit mussten wir darauf achten, dass keiner von uns zu Schaden kam." Die Edelweißpiraten, mit denen er sympathisierte, seien unvorsichtiger gewesen. „Die hatten eher den Hang, die öffentliche Ordnung durcheinanderzubringen. Dabei haben sie sich und andere in Gefahr gebracht. Das wollten wir nicht."

Sebus berichtet von direkten Kontakten zu den Edelweißpiraten. Ein Junge, der sich Paul nannte, „ein interessanter Typ", habe versucht, ihn zu werben. Sebus lehnte ab. Man traf sich vor einem Eislokal im Viertel, einem beliebten Treffpunkt für die Jugendlichen im Viertel, darunter auch einige Edelweißpiraten. Einmal seien sie knapp einer Razzia entkommen, weil gleichzeitig die Sirenen wegen eines Bombenangriffs losgingen und alle in die Keller mussten. Paul war mit dem Fahrrad unterwegs, eine Radtasche voll mit antifaschistischen Flugblättern, die er nach Ehrenfeld bringen sollte. Zusammen hätten sie während des Bombenangriffs in der Unterkirche von St. Michael gesessen, die als Luftschutzkeller genutzt wurde. Das Rad und die Flugblätter hätten vor der Kirche im Gebüsch gelegen. Paul habe nicht auf die Entwarnung gewartet, um weiterzufahren. „Danach habe ich ihn nie wieder gesehen. Was aus ihm wurde, weiß ich nicht."

Hätte man sich stärker wehren müssen? Die Frage sei leicht zu stellen, sagt Sebus. Wenn man aber mittendrin stecke und nicht weiß, wohin sich die Dinge entwickeln, wie lange es andauert, ist die Antwort nicht leicht. Alles war gleichgeschaltet, man habe zu wenig Informationen gehabt, nichts über Alternativen gewusst. Natürlich sei es auch in der Krypta unter Maria im Kapitol immer wieder um die Frage gegangen, ob man mehr machen muss. Die Jugendlichen hätten das Gefühl gehabt, dass man in dem begrenzten Umfeld, in dem man sich bewegte, nur wenig bewirken konnte. „Wir hatten nur wenige Informationen aus den Kreisen, die einen richtigen Widerstand aufbauen konnten." Es fehlten Kontakte zu anderen, vielleicht einflussreicheren Netzwerken. Hinzu kam, dass die Gefahr für Leib und Leben immer größer wurde. Die Zahl der Denunzianten sei rasant gewachsen. „Man musste sich genau überlegen, mit wem man über was sprach."

Es ist nicht einfach, sich in die Lebenswelt eines Jugendlichen in dieser Zeit hineinzuversetzen. „Das damalige Leben ist aus heutiger Sicht kaum vorstellbar", so Sebus. Fast alles, was das Leben eines jungen Menschen

Weitgehend unbeschädigt ist das Denkmal des 1939 eingeweihten Ostermann-Brunnens in der zerstörten Altstadt stehen geblieben. Dahinter sieht man die Reste von Groß St. Martin und ganz rechts den Turm vom Stapelhaus.

normalerweise ausmacht, muss mit dem Anspruch einer Diktatur kollidieren, möglichst jede Freiheit zu unterdrücken. Die Furcht vor Repressalien bringt Schutzmechanismen in Gang. Gleichzeitig befördern die Lust zur Konfrontation mit Autoritäten und der Wunsch, Freiräume zu erkämpfen, die Risikobereitschaft. Wie weit man dabei geht, ist nicht immer die Folge rationaler Abwägung. Nur Weniges dürfte politisch motiviert gewesen sein, häufiger war dagegen jugendlicher Leichtsinn im Spiel. Aus heutiger Sicht lassen sich diese Konflikte, dieses permanente Abwägen von Risiken mit der Notwendigkeit, auch Rücksicht nehmen zu müssen, kaum erfassen. Die Überforderung eines Jugendlichen wird weiter zunehmen, wenn er gleichzeitig noch die Erwartung erfüllen will, auch in Zeiten einer ihn einschränkenden Diktatur so etwas wie ein normales Alltagsleben mit Schule und Ausbildung weitergehen zu lassen.

So begann Ludwig Sebus nach dem Ende der Volksschule eine Lehre als Industriekaufmann beim Landmaschinenhersteller Heinrich Lanz. Als er seine Gesellenprüfung ablegte, war die Welt mitten im blutigsten Krieg ihrer Geschichte. Im gleichen Jahr flogen erstmals über 1000 Bomber der britischen Royal Air Force unter dem Decknamen „Operation Millennium" ihren vernichtenden Angriff auf Köln. In der Nacht vom 30. auf den 31. Mai 1942 wurden weit über 40 000 Kölner obdachlos, 468 Menschen starben, Tausende wurden verletzt. Bis zu 150 000 Einwohner verließen nach dem Bombenhagel die Stadt. Köln wurde im Laufe des Zweiten Weltkriegs über 260 Mal bombardiert, mehr als jede andere deutsche Stadt. Die Briten dachten, auf diese Weise die Moral der deutschen Zivilbevölkerung, vor allem der Industriearbeiter, zu zerstören. Ludwig Sebus glaubt, dass die Bomben eher das Gegenteil bewirkt haben. Jeden Abend habe man im Keller gesessen. „Und nach den Angriffen haben wir versucht, nebenan die Feuer der Brandbomben zu löschen." Er erinnert sich an „zur Unkenntlichkeit verbrannte Leichen, die am Straßenrand gelegen haben. Den widerlich süßen Geruch von Menschenfleisch vergisst man nicht." Im Rückblick sagt er: „Für mich war es an der Front friedlicher als in Köln." Familie Sebus wurde zwei Mal ausgebombt. Da war der Sohn schon nicht mehr in der Stadt, weil ihn die Wehrmacht eingezogen hatte.

Chronik des Haus Büchel

Der Jugendgruppenleiter Bernhard Linnenkohl hat mit Fotos und Berichten über das Leben im „Haus Büchel" im Naafbachtal ein besonderes Zeitdokument hinterlassen, das in diesem Buch erstmals in Auszügen abgedruckt wird. Es ist nicht ganz klar, wann er mit dem Aufschreiben der Erlebnisse während der NS-Zeit begonnen hat. Der spätere Pharmazeut Linnenkohl machte vor dem Krieg Jugendarbeit für die Kölner Pfarrei St. Michael. Er steht in der Tradition der bündischen Jugendbewegung. Nach dem Krieg schloss er sich der Pfadfinderbewegung an.

„Alles Dir, zu Deiner Ehre" – so beginnt die „Chronik des Hauses Büchel". Bündische Rituale verbinden sich mit einem christlichen Treueschwur.

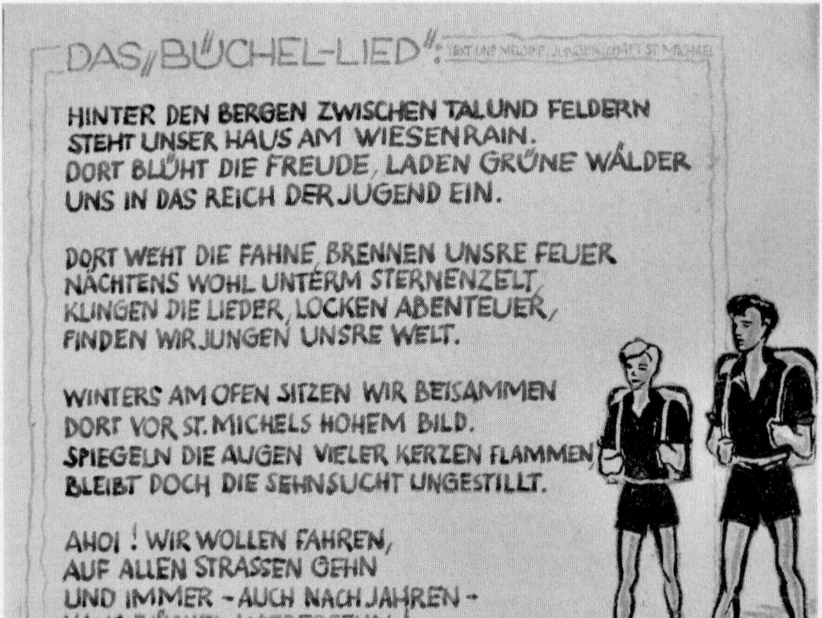

Ein Loblied auf das Domizil im Bergischen.

-2-

IN UNSERE SOMMERLICH-FRÖHLICHEN TAGE DORT FIEL RECHT BALD EIN BITTERER WERMUTSTROPFEN: DER PRIESTER, DER UNS IN DEN TAGEN, ALS WIR UNS DAS HEIM IN BÜCHEL EINRICHTETEN (FEBRUAR 1935), IN DER KÖLNER ST. MICHAELS-KIRCHE UNSER BANNER GEWEIHT – MIT DEM SCHWARZEN ADLER UND DEM WEISSEN CHRISTUSZEICHEN AUF GOLDGELBEM GRUND –, SASS HINTER GEFÄNGNISMAUERN, WÄHREND WIR IN DEN SOMMERFERIEN IN BÜCHEL BEISAMMEN WAREN. ZUR BANNERWEIHE HATTEN WIR NÄMLICH IN UNSERER GROSSEN FREUDE UNSERE FANFAREN ERTÖNEN LASSEN, IM WEITGEÖFFNETEN KIRCHENPORTAL STEHEND, MIT ALLEN GLOCKEN IM WECHSEL UND UM DIE WETTE. IN DEN AUGEN DER DAMALIGEN MACHTHABER (DER HITLER-DIKTATUR DES „DRITTEN REICHES") ABER WAR DAS EIN STAATSGEFÄHRDENDES VERBRECHEN, FÜR DAS UNSER KAPLAN MIT VIER WOCHEN GEFÄNGNIS BESTRAFT WURDE. SO BEGANN FÜR UNS BEREITS IM SOMMER 1935 DIE ZEIT DER VERFOLGUNG.

ZU DEN BILDERN:

← HARDI, UNSER KORNETT (FRONLEICHNAMSPROZESSION)

OBEN:

↑ FRANZ, UNSER TROMMLER, UND UNSERE FANFAREN (SOMMERLAGER)

UNTEN:

↓ UNSERE JUNGENSCHAFT BEI KAPLAN SCHAIN (NACH DESSEN RÜCKKEHR AUS DEM GEFÄNGNIS)

FOTOS: GÜNTER BERLINGEN, DR. ERNST MEHN

Linnenkohl berichtet von der Verhaftung des Kaplan Schain.

„Vorzüglich getarnt“: Linnenkohl berichtet von einem Nachbarn in SA-Uniform, der die Gestapo belogen haben soll.

- 4 -

→

DIE AUSKUNFT GAB: „NÖ, HIER EN BÜCHEL IS NIX. DAT SIN ALLES PRIVAT-HÜÜSER!“ UND DANN ATMETEN 10 ODER 15 JUNGEN WIEDER EINMAL HÖRBAR ERLEICHTERT AUF.

*

EIN ANDERMAL HABEN WIR ERLEBT, WIE GESTAPO UND HITLERJUGEND DAS NAAFTAL IN WEITEM UMKREIS ABGERIEGELT HATTEN UND DANN VON ALLEN SEITEN HER AUF EINE ALTE MÜHLE ZUGINGEN (SCHLICHENBACHERMÜHLE), DORT AUSZUHEBEN, WAS SICH AN VERSPRENGTER BÜNDISCHER JUGEND EINGEFUNDEN HATTE. AUS SICHEREM VERSTECK HERAUS, IM WALD ÜBER DEM NAAFTAL, KONNTEN WIR BEOBACHTEN, WAS GESCHAH, WIE JUNGEN GLEICH VERBRECHERN VERHAFTET, BESCHIMPFT UND GESCHLAGEN UND IN AUTOS VERLADEN WURDEN, WIE MAN IHNEN FAHRTENKLUFT UND FAHRTENUTENSILIEN VOM LEIBE RISS, DENN DAMALS GALT „AUF FAHRT GEHEN“ ALS STAATSGEFÄHRLICHES VERBRECHEN, SOFERN ES NICHT IM RAHMEN DER HITLERJUGEND GESCHAH. DOCH VON DIESEM TURBULENTEN SONNTAG UND EINIGEN SOMMERZELTLAGERN DER HITLERJUGEND ABGESEHEN BLIEB ES RUHIG UND FRIEDLICH IM NAAFTAL. WIR HATTEN DORT SO RICHTIG UNSER REICH, UND UNSER „HAUS BÜCHEL“ ERSCHIEN UNS IMMER WIE EINE BURG, WO WIR IN SICHERHEIT WAREN.

*

DORT WAR DAS ZUHAUSE UNSERER JUNGENTRÄUME, DER MITTELPUNKT UNSERER GRUPPE „MICHAEL“, DIE ALS ILLEGALE JUNGENGRUPPE SO RECHT EIN „VERLORENER HAUFEN“ WAR.

*

1. WIR SCHLAFEN IN DER KOHTE,
IM SCHWARZEN FEUERZELT.
AM KOHTENKREUZ SCHAUN STERNE
HEREIN IN UNSRE WELT.

→

GEORG SCHENKBERG, EDI LEHR

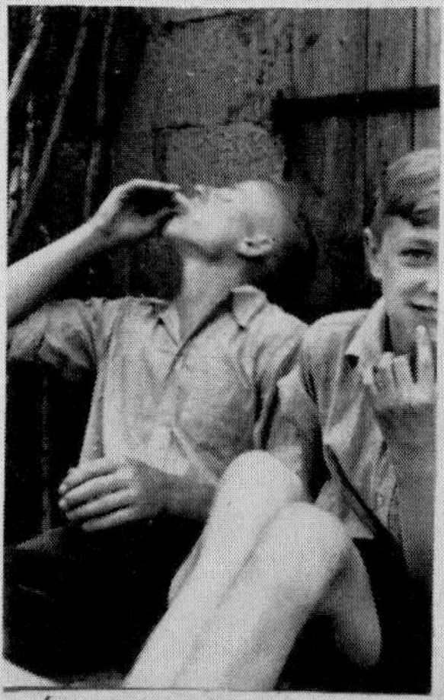

GÜNTER LAUS, GEORG SCHENKBERG +

FOTOS: GÜNTER BERUNDEN

BRENNHOLZMACHEN FÜR DAS KOHTENFEUER

PAUL MACHT DAS KOHTENKREUZ

FOTOS GÜNTER BERLINGEN

OFT MUSSTEN WIR SELBER LACHEN, WENN WIR DIE TOLLEN MASKERADEN SAHEN, IN DENEN WIR UNS DAMALS AUS DER STADT HERAUSSCHMUGGELTEN. JUNGEN IN FAHRTENKLEIDUNG WURDEN ALLZU SCHNELL VON GESTAPO ODER HJ-STREIFEN VERHAFTET, AUCH WENN SIE NUR ZU ZWEIT WAREN. SONNTAGS WURDEN ALLE AUSFALLSTRASSEN UND BAHNEN KONTROLLIERT, UND MANCH 14- ODER 15-JÄHRIGER JUNGE KAM IN DIESER ZEIT VON EINER SONNTAGSFAHRT NICHT MEHR NACH HAUSE, SONDERN SASS IM GESTAPOKELLER (IM BERÜCHTIGTEN EL-DE-HAUS IN DER KÖLNER ELISENSTRASSE) IN HAFT, UND DIE VERZWEIFELTEN ELTERN ERFUHREN VIELLEICHT ERST AM MITTWOCH ODER DONNERSTAG DARAUF, WO IHRE KINDER GEBLIEBEN WAREN. DOCH ALL DIESE SCHRECKEN KONNTEN UNS NICHT DAVON ABHALTEN, WEITER AUF FAHRT ZU GEHEN UND UNS IMMER WIEDER IN UNSEREM „HAUS BÜCHEL" ZU TREFFEN. WIR TARNTEN UNS DESHALB ALS HARMLOSE SONNTAGSBESUCHER, DIE MIT KOFFER UND IM BESTEN STAATSANZUG OMA ODER TANTE AUF DEM LANDE BESUCHEN WOLLTEN. WIR KAMEN SCHÖN VERTEILT, EINZELN ODER ZU ZWEIT, TEILS MIT EISENBAHN ODER POSTAUTO BIS OVERATH ODER VILSHOVEN, TEILS MIT DEM FAHRRAD, TEILS MIT STRASSENBAHN BIS KÖNIGSFORST ODER BENSBERG UND DANN ZU FUSS DURCH DIE WÄLDER. ERST IN BÜCHEL TRAFEN WIR ZUSAMMEN, ERST DORT FIELEN ALLE VERKLEIDUNGEN, ERST DORT KONNTEN WIR UNSERE GELIEBTE FAHRTENKLUFT ANZIEHEN UND DURFTEN WIEDER RICHTIGE JUNGEN SEIN. UND JEDESMAL, WENN WIR SO ALLEN VERBOTEN UND VERFOLGUNGEN ZUM TROTZ, UM UNSERE FAHNE ZUSAMMEN WAREN, WAR UNSERE FREUDE RIESENGROSS.

-5-

Die Anreise ins Bergische war hochriskant.

Einkehrtage an Neujahr 1938: Auf dem Bild in der Mitte sieht man Ludwig Sebus als 13-Jährigen singend im Kreis von Freunden (2.v.l.); auf dem Bild darunter steht er (3.v.l.) in kurzer Hose im Schnee

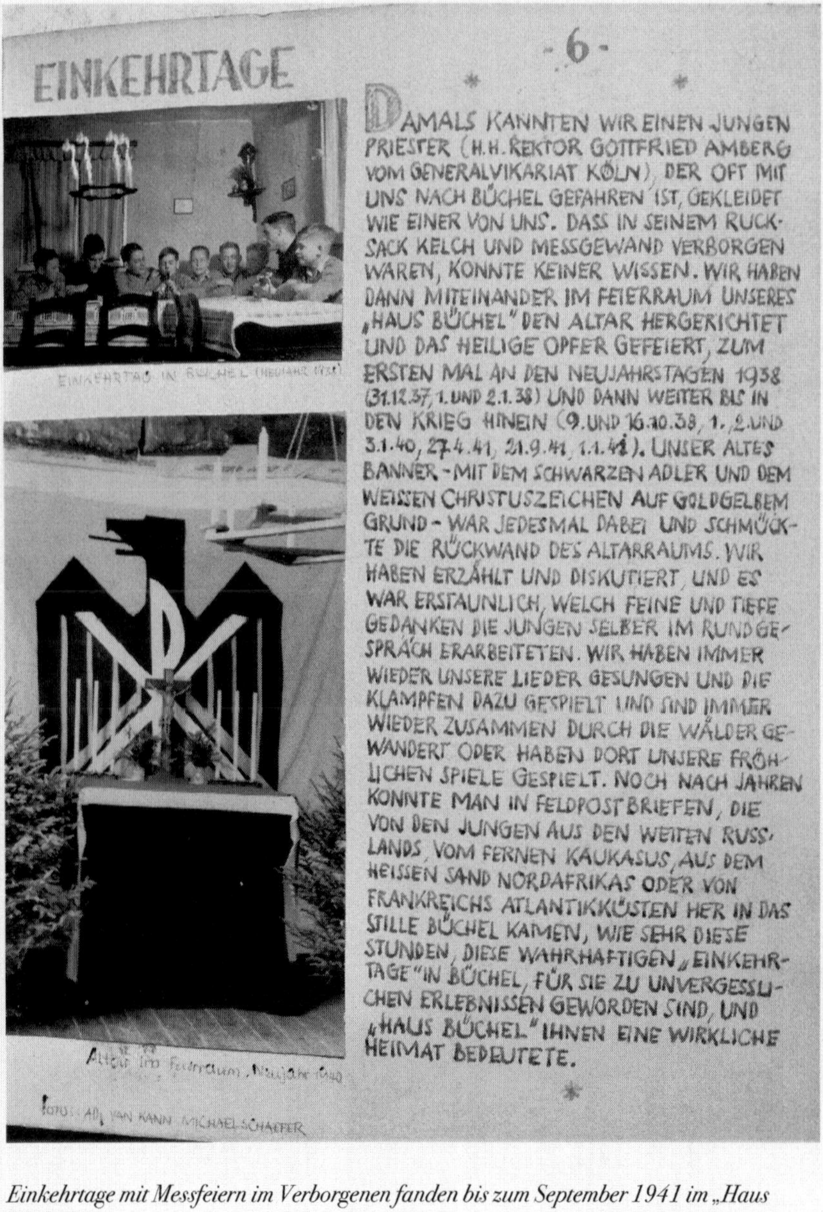

EINKEHRTAGE

-6-

DAMALS KANNTEN WIR EINEN JUNGEN PRIESTER (H.H. REKTOR GOTTFRIED AMBERG VOM GENERALVIKARIAT KÖLN), DER OFT MIT UNS NACH BÜCHEL GEFAHREN IST, GEKLEIDET WIE EINER VON UNS. DASS IN SEINEM RUCKSACK KELCH UND MESSGEWAND VERBORGEN WAREN, KONNTE KEINER WISSEN. WIR HABEN DANN MITEINANDER IM FEIERRAUM UNSERES „HAUS BÜCHEL" DEN ALTAR HERGERICHTET UND DAS HEILIGE OPFER GEFEIERT, ZUM ERSTEN MAL AN DEN NEUJAHRSTAGEN 1938 (31.12.37, 1. UND 2.1.38) UND DANN WEITER BIS IN DEN KRIEG HINEIN (9. UND 16.10.38, 1., 2. UND 3.1.40, 27.4.41, 21.9.41, 1.1.41). UNSER ALTES BANNER - MIT DEM SCHWARZEN ADLER UND DEM WEISSEN CHRISTUSZEICHEN AUF GOLDGELBEM GRUND - WAR JEDESMAL DABEI UND SCHMÜCKTE DIE RÜCKWAND DES ALTARRAUMS. WIR HABEN ERZÄHLT UND DISKUTIERT, UND ES WAR ERSTAUNLICH, WELCH FEINE UND TIEFE GEDANKEN DIE JUNGEN SELBER IM RUNDGESPRÄCH ERARBEITETEN. WIR HABEN IMMER WIEDER UNSERE LIEDER GESUNGEN UND DIE KLAMPFEN DAZU GESPIELT UND SIND IMMER WIEDER ZUSAMMEN DURCH DIE WÄLDER GEWANDERT ODER HABEN DORT UNSERE FRÖHLICHEN SPIELE GESPIELT. NOCH NACH JAHREN KONNTE MAN IN FELDPOSTBRIEFEN, DIE VON DEN JUNGEN AUS DEN WEITEN RUSSLANDS, VOM FERNEN KAUKASUS, AUS DEM HEISSEN SAND NORDAFRIKAS ODER VON FRANKREICHS ATLANTIKKÜSTEN HER IN DAS STILLE BÜCHEL KAMEN, WIE SEHR DIESE STUNDEN, DIESE WAHRHAFTIGEN „EINKEHRTAGE" IN BÜCHEL FÜR SIE ZU UNVERGESSLICHEN ERLEBNISSEN GEWORDEN SIND, UND „HAUS BÜCHEL" IHNEN EINE WIRKLICHE HEIMAT BEDEUTETE.

Altar im Feierraum, Neujahr 1940

FOTOS: ALF VAN KANN, MICHAEL SCHAEFER

Einkehrtage mit Messfeiern im Verborgenen fanden bis zum September 1941 im „Haus Büchel" statt

7

AUS DIESEM ERLEBEN HERAUS BASTELTEN DIE JUNGEN VOM „MICHAEL", DER JUNGENSCHAFT VON HAUS BÜCHEL, IM JAHRE 1938 EINE HOLZDECKE UND SCHNITZTEN DAFÜR IN GOTISCHEN LETTERN IHR MICHAELSLIED:

„SANCT MICHAEL, DER VOR GOTTES THRON
HÄLT MIT DEN ENGELN WACHE,
DU BIST DER DEUTSCHEN SCHUTZPATRON,
STEH EIN FÜR UNSRE SACHE!
SANCT MICHAEL, SALVA NOS!"

DAZU SÄGTEN UND MALTEN SIE WAPPEN, IN JEDE ECKE EINS: DIE STADTKÖLNER DREI KRONEN UND ELF FLAMMEN, DAS KURKÖLNER BALKENKREUZ DES ERZBISTUMS, DEN BERGISCHEN LÖWEN UND DEN WIENER DOPPELADLER DES ALTEN RÖMISCHEN KAISERREICHES DEUTSCHER NATION ALS SYMBOL DES HEILIGEN REICHES DER DEUTSCHEN. DIE SO GESCHMÜCKTEN HOLZPLATTEN HÄNGTEN SIE WIE DIE PLANEN EINES ZELTES ZWISCHEN DEN KLOBIGEN EICHENBALKEN DES FEIERRAUMES AUF UND GESTALTETEN SO DIE STÄTTE IHRER OPFERFEIER, MITTELPUNKT IHRER JUNGENSCHAFT UND IN DER STUNDE DER HEILIGEN OPFERFEIER FÜR SIE DER MITTELPUNKT DER GESAMTEN WELT, ZU EINEM WAHREN JUNGEN-HEILIGTUM, DAS HEUTE NOCH JEDEN IN SEINEN BANN ZIEHT, DER DARIN EINTRITT UND JEDEM ZUM ERLEBNIS WIRD, DER DORT EINEN ABEND IM SCHEIN DER KERZEN, BEI KLAMPFENSPIEL UND DEN LIEDERN DER JUNGENSCHAFT ST. MICHAEL VERBRINGT, DIE IMMER NOCH DIESES HEIM IHR ZUHAUSE, IHRE WAHRE HEIMAT NENNT.

Mit den Wappen, die Linnenkohl Sebus (oberes Bild, rechts) und andere Jungen malen lässt und hier beschreibt, verbindet sich eine eigentümliche Mischung von Kölner Heimatverbundenheit, Christentum und dem untergegangenen deutschen Kaiserreich.

Als der Hunger das Heimweh vertrieb

Not und Elend im Krieg und in Gefangenschaft

Ludwig Sebus wurde am 1. Oktober 1943 einberufen. Es war klar, dass er dem nach seinem 18. Geburtstag nicht entgehen konnte. Die Familie hatte Angst um ihn. „Jeder wusste: Die Gefahr, dass man sterben würde, war sehr groß. Angst hatte ich nicht direkt, aber mulmig war es mir schon." Die Schlacht von Stalingrad war bereits verloren, die deutsche Wehrmacht in Russland auf dem Rückzug. Nun sollte sein Jahrgang an der Ostfront noch „verheizt" werden, sagt Sebus. In seiner Zeit der militärischen Ausbildung und später an der Front habe er keinen erlebt, der nicht gedacht habe, dass der Krieg verloren war. „Jeder wusste das und alle dachten, hoffentlich ist das bald vorbei." Er hatte seiner Mutter untersagt, mit zum Hauptbahnhof zu kommen, von wo aus ein Sammeltransport nach Geldern ging. Dort musste er sich in einer Kaserne zur Grundausbildung melden.

„Ich hatte Glück", sagt Sebus im Rückblick. Man habe befürchten müssen, zur Waffen-SS eingezogen zu werden. Er sollte zum Funker ausgebildet werden, der den Kontakt zwischen dem kämpfenden Bataillon und dem Regimentsstab sicherstellen sollte. „So musste ich nicht in den allerersten Graben und hatte noch nicht einmal 'ne Knarre." Dadurch sei er in der „glücklichen Lage" gewesen, „nie ein Gewehr auf jemanden richten zu müssen". Im Rückblick nennt er das „ein großes Geschenk". „Sich vorzustellen, auf einen Menschen schießen zu müssen, war für mich furchtbar. Und dann denkst du darüber nach, was passiert, wenn du dich weigerst. Wenn du nicht schießt, erschießen die dich." Er habe sich gefragt, ob er sich lieber erschießen lassen soll, als jemand anderen erschießen zu müssen. Der Gewissenskonflikt blieb ihm erspart. Während andere in seinem Alter ohne lange Vorbereitung an die Front mussten, wurde Sebus mehre-

Nach seinem 18. Geburtstag 1943 war klar, dass Ludwig seiner Einberufung in die Wehrmacht nicht entgehen würde.

re Monate ausgebildet. Als seine Kompanieeinheit an die Front geschickt wurde, blieb er zurück, weil er zunächst als „Hilfsausbilder" eingesetzt und später als Nachrichtenoffizier trainiert werden sollte. Er kam unter anderem nach Düren, später zum Truppenübungsplatz Senne bei Paderborn, wo er auch als Posten zur Bewachung von Gefangenen eingesetzt wurde. Als gelernten Kaufmann holte man ihn für einige Wochen in die Verwaltung, wo er italienischen und französischen Kriegsgefangenen nach einem Lazarettaufenthalt Zwangsarbeitsstellen zuweisen musste.

Bei dem Versuch, die Abberufung an die Front hinauszuzögern, half ein freiwilliger Krankenhausaufenthalt. Der junge Soldat war Ostern 1944 zu einer Familienfeier nach Senden bei Münster gefahren. Als es am nächsten Tag zurück in die Kaserne gehen sollte, verpasste er knapp den Zug. Wer nicht pünktlich zurückkam, wurde sofort als möglicher Deserteur verdächtigt. Weil er befürchtete, bestraft zu werden, bat er seinen Onkel darum, ihn bei den Vorgesetzten krank zu melden. Sebus täuschte eine Blinddarmentzündung vor und ließ sich unter Vollnarkose operieren. Dass dann noch echte Nierensteine dazukamen, war nicht geplant, aber doch hilfreich. Im Standortlazarett in Münster schlug er sogar noch einen zehntägigen Genesungsurlaub heraus, obwohl ihm ein Stabsarzt lautstark vorgeworfen hatte, ein „Drückeberger" zu sein.

Am Heiligen Abend 1944, den er eigentlich mit seinen Eltern verbringen wollte, gab es jedoch keine Möglichkeit mehr, die Verlegung an die Ostfront zu verhindern. Sebus wurde der 211. Volksgrenadierdivision zugeteilt. Das war der neue Name der geschlagenen 211. Infanteriedivision, von der nach schweren Kämpfen nicht mehr viel übrig war. Seit 1942 kämpfte sie an der Ostfront. Ab Sommer 1943 trieb die Rote Armee sie vor sich her. Nach Kämpfen um die Festung Rozan, die etwa 80 Kilometer vor Warschau lag, erlitt die Division so schwere Verluste, dass sie als Volksgrenadierdivision im Dezember 1944 im westpreußischen Graudenz neu aufgestellt werden musste. Das änderte nichts daran, dass es für den Truppenverbund nur noch eine Richtung gab. „Jeden Tag ging es weiter zurück", berichtet Sebus. Im Januar wurde die Division nach Ungarn an den Fluss Gran geschickt, dann folgte der Rückzug durch die Slowakei, wo sich die Einheit an einem Kanal eingraben musste. „Wir haben wochenlang in einem Loch gelegen. Auf der anderen Seite des Kanals lagen die Russen, die uns immer wieder über Lautsprecher auf Deutsch zum Überlaufen aufforderten. ‚Kommt herüber, habt keine Angst! Viele nette Mädchen warten auf euch!', hieß es." Gegangen sei keiner. Auch ihm sei nie der Gedanke gekommen, zu desertieren. Während der Ausbildung vor der Verlegung an die Front hatte es dazu Möglichkeiten gegeben, unterzutauchen und sich zu verstecken. „Aber dann wäre meine Familie in Haftung genommen worden. Ich wusste, was auf die zugekommen wäre."

Auch wenn er selbst nicht schießen musste, habe er viel Leid gesehen. „Was um einen herum passiert, wird einem meist erst im Nachhinein bewusst, wenn es wieder etwas ruhiger wird. Im Augenblick des Gefechts hast du keine Zeit nachzudenken. Du stehst einem zerstückelten Kameraden bei und wartest mit ihm darauf, dass der Tod eintritt. Du hilfst oder musst einsehen, dass du nicht mehr helfen kannst. Alles passiert gleichzeitig. Der eine stirbt, der andere wird verletzt, den einen kannst du noch rausholen, der andere bleibt zurück. Dann denkst du, gleich passiert mir das Gleiche, weil weiter auf dich geschossen wird. Du fragst dich, warum das so sein muss, warum schießen die auf dich. Du bist wütend. Und im selben Moment musst du sehen, dass du selbst irgendwie da heil rauskommst."

Bei einem Gefecht an einem Gebirgszug der Kleinen Karpaten im Westen der Slowakei geriet Sebus zwischen die Fronten. Während die deutschen Soldaten immer weiter zurückwichen, habe er am Boden geduckt sein Funkgerät bedient und nicht bemerkt, dass er den Anschluss verpasste und ihn seine Kameraden zurückgelassen hatten. Um seine Einheit wiederzufinden, musste er ohne Feuerschutz einen rund 300 Meter hohen Weinberg hoch. Er sei gerannt und gekrochen, während die Russen mit Maschinengewehren und Granatwerfern auf ihn geschossen hätten. Keinen Kratzer habe er abbekommen. „Dann denkst du schon, dass die schützende Hand des Herrgotts im Spiel gewesen sein muss."

Auf dem weiteren Weg zurück hätten sie durch ein Dorf gemusst, in dem am Wegesrand die kopflosen Leichen deutscher Soldaten gelegen hätten. Partisanen hatten ihnen wohl den Kopf abgeschlagen. Die Körper hätten neben einem Brunnen gelegen, an dem sie vorbeizogen – ein weiteres schreckliches Bild, das sich ihm tief eingeprägt hat.

Durch Tschechien ging es Richtung Budweis, wo die US-Armee auf der anderen Seite der Moldau ihren Vorstoß nach Osten beendet hatte. Hier verlief die Demarkationslinie zwischen amerikanischer und russischer Zuständigkeit. Die deutschen Soldaten wollten die Moldau überqueren und sich der US-Armee ergeben. Doch daraus wurde nichts. Schon weit vor der Brücke über den Fluss kamen ihnen ehemalige Wehrmachtssoldaten entgegen. „Die Amerikaner wollten keine Kriegsgefangenen. Die Deutschen wurden weggeschickt. Wir sollten uns den Russen ergeben." Die Erinnerung von Sebus wirft ein Schlaglicht auf ein bislang wenig erforschtes Feld der Kriegsgeschichte. Offensichtlich hat die US-Armee vielen deutschen Soldaten die Kapitulation verweigert, sie so in eine jahrelange Kriegsgefangenschaft in der Sowjetunion und nicht wenige in den Tod geschickt.

Sebus wurde bei Zlabings (Slavonice) von der Roten Armee gefangen genommen. Zu Tausenden hätten sie erst einmal „ohne Decke und Mantel" auf einem bewachten, freien Feld leben müssen, erinnert er sich. „Dann wurden wir in ein großes Waldstück verfrachtet, um das ringsherum Posten standen." Drei bis vier Wochen habe es Trockenbrot gegeben. Ein Pferd wurde geschlachtet. „Wochenlang haben wir an den Knochen geknabbert." Vor lauter Hunger hätten sie Fichtennadeln gekocht.

Der Hunger wird Ludwig Sebus von nun an jahrelang begleiten. „Der hat sogar das Heimweh vertrieben", sagt er über die Jahre in russischer Kriegsgefangenschaft, die vor ihm lagen. Es begann „die schlimmste Phase meines Lebens", wie er sagt. NS-Zeit und Repressalien in Köln, der Bombenkrieg zuhause, die Zeit als Soldat, der Tieffliegerbeschuss während des Rückzugs – das, was kam, wurde noch schlimmer. Es fällt schwer, sich vorzustellen, dass ein junger Mann Krieg und Gefangenschaft ohne Schaden überleben kann. Vor allem die Inhaftierten, die zuhause eine Frau und kleine Kinder hatten, hätten es schwer gehabt. Mancher sei an diesem „seelischen Leid kaputt gegangen". Er selbst glaubt, kein Trauma aus Krieg und Gefangenschaft mit zurück nach Köln gebracht zu haben. Sein christlicher Glaube habe ihm geholfen, das alles einigermaßen gut zu überstehen und verarbeiten zu können. Ganz sicher kann man sich da nicht sein.

Als Rekrut in Geldern.

Eines der schlimmsten Erlebnisse stand ihm gleich kurz nach Kriegsende bevor. Ein Fluchtversuch wäre fast mit seiner Erschießung geendet. Zusammen mit zwei Kameraden war es ihm gelungen, aus dem bewachten Waldstück zu entkommen. Doch auf dem Weg nach Deutschland wurden sie von bewaffneten Tschechen aufgespürt. Ob es sich um Partisanen oder Zivilisten handelte, die sich trotz des Kriegsendes an den Deutschen rächen wollten, kann Ludwig Sebus nicht sagen. Sie seien mit vorgehaltenen Waffen, die eigentlich nach Kriegsende keiner mehr haben durfte, zu einer größeren Gruppe Deutscher in eine Kiesgrube gebracht worden. Dort sollten sie ein Massengrab ausheben. Die Deutschen sollten erschossen werden. „Das Gefühl, das du da hast, wenn du mit einer Hacke und einem Spaten dein eigenes Grab schaufeln sollst, kann man sich kaum vorstellen."

Die Männer kamen davon, weil rund eine halbe Stunde später russische Soldaten in Transportern auf der naheliegenden Straße auftauchten. Sie wären aufmerksam geworden und hätten der tschechischen Selbstjustiz ein Ende gemacht. Die Tschechen wurden entwaffnet, die Deutschen mussten in die Transporter klettern. Sebus war wieder Kriegsgefangener der Roten Armee. Die Russen wussten nicht, dass sie es mit einem ehemaligen Wehrmachtsoldaten zu tun hatten, der sich bereits unter ihrer Kontrolle befunden hatte und geflohen war. So wurde er ohne Bestrafung in die rumänische Hafenstadt Constanza am Schwarzen Meer gebracht. Von dort ging es per Schiff weiter nach Sewastopol, der großen Hafenstadt auf der Halbinsel Krim. Mancher starb auf der Überfahrt, weil sich in dem rumänischen Übergangslager wahrscheinlich wegen der schlechten hygienischen Bedingungen die Ruhr ausgebreitet habe. Es sei schlimm gewesen, wie man mit den Toten umgegangen sei, so Sebus. Sie seien einfach ins Meer geworfen worden. Aber noch entsetzlicher sei das gewesen, was danach mit den Verstorbenen geschah. Dem Schiff sei eine Gruppe Haie gefolgt.

Die Krim hatte einen guten Ruf. Der junge deutsche Gefangene verband damit ein Erholungsgebiet, wo Ukrainer und Russen Urlaub machten. Zwei Jahre zuvor waren hier noch deutsche Besatzungssoldaten gewesen. Das NS-Regime wollte auf der Krim Südtiroler ansiedeln und aus ihr „Gotengau" machen. Nun kamen Tausende deutsche Kriegsgefangene, um in Bergwerken zu schuften. Nach einem zweitägigen Fußmarsch sei man auf einer großen freien Fläche angekommen, auf der sich die Gefangenen ihre Behausungen mit Baumstämmen, Laub und Lehm selber bauen mussten, erinnert sich Sebus. „Das ganze Lager wurde bei Regen zu einem Sumpfgebiet. Da konnte keiner mehr schlafen, und man war froh, wenn man im Bergwerksschacht war." Auch hier waren die hygienischen Verhältnisse schlimm. Billionen von Flöhen habe es gegeben, selbst im Bergwerkschacht wurde man sie nicht los. Die russischen Aufseher waren nicht zimperlich. Unter den Gefangenen befanden sich offenbar viele SS-Leute, wie Sebus vermutet. „Den Verbrechern wurde das Leben zur Hölle gemacht." Während seines Einsatzes an der Front habe er nichts von Kriegsverbrechen der Wehrmacht mitbekommen. Hier wurde von Racheakten an der Zivilbevölkerung berichtet, die als Reaktion auf die Partisanenangriffe erfolgten. Im Lager habe er fast jeden Tag erlebt, wie sich jemand das Leben nahm. Ehemalige SS-Leute stürzten sich im Bergwerk zu Tode. Man habe gesehen, wie erbärmlich sich auf einmal diejenigen gaben, die mal geglaubt hatten, als Deutsche einer überlegenen Rasse anzugehören. „Ab und zu schmissen die Russen faule Äpfel in die große

Latrine. Da ist mancher dieser ‚Übermenschen' hinterhergesprungen, weil er Hunger hatte."

Ihm seien die immer neuen Verhöre erspart geblieben. Weil er jung war, sei klar gewesen, dass er keine besondere Verantwortung im Krieg hatte. Die Umerziehungsversuche der Russen seien ihm aber genau wie allen anderen nicht erspart geblieben. Die Gefangenen sollten als überzeugte Sozialisten nach Deutschland zurückkehren. „Das hat bei mir aber nicht funktioniert", so Sebus. Gebe es beim christlichen Gebot der Nächstenliebe ja durchaus noch Verbindungen zu den sozialistischen Idealen, habe es bei der stoischen Vermittlung der Ideen der kommunistischen Vordenker Engels, Marx und Thälmann bei ihm aufgehört. „Das war mir alles zuwider."

Niemand erfuhr, wann die Gefangenschaft enden würde. „Jeder Schwerverbrecher weiß, wann er aus dem Gefängnis rauskommt. Wir wussten nichts." Auf die Frage nach der möglichen Freilassung hätten die Russen vier Jahre lang geantwortet: „Bald." Die Verpflegung war schlecht. Wenn Lastwagen mit Nahrungsmitteln aus dem Hafen von Sewastopol kamen, konnte man davon ausgehen, dass unterwegs die Hälfte der Ladung verschwand oder verkauft wurde. Häufig habe es eine Art Fischsuppe gegeben, die tatsächlich ein aus Stichlingen und Fischen, die man eigentlich nicht essen sollte, zusammengestampfter Brei war. Davon gab es zweimal am Tag eine nicht volle Kelle. Wenn man Glück hatte, bekam man etwas Maisbrot dazu. Das Essen habe nie gereicht. „Viele sind verhungert." Nach seiner Erinnerung sei er zeitweise bis auf 35 Kilo abgemagert gewesen.

Das Bergwerk, in dem sie arbeiten mussten, war etwa anderthalb Stunden Fußmarsch entfernt. Gearbeitet wurde in drei Schichten. Wer die vorgegebene Norm nicht schaffte, musste eine zweite Schicht mitmachen. Das Werk sei in einem schlechten Zustand gewesen, meint Sebus. „Das sah immer noch so aus wie zur Jahrhundertwende, bevor die Tartaren vertrieben wurden, die hier gearbeitet haben." Die Sicherheitsvorkehrungen seien miserabel gewesen. Und viel Kohle habe man auch nicht mehr rausholen können. Das sei mehr eine „Beschäftigungstherapie" gewesen als ein wirtschaftlicher Erfolg, schätzt Sebus. „Aber wir waren ja billige Arbeitskräfte."

Immer wieder kam es zu Unfällen. Ludwig Sebus hatte die Aufgabe, eine Lore in den Schacht hinein- und nach dem Beladen wieder hinauszufahren. Dabei ereignete sich ein Unglück, von dem andere wahrscheinlich

-8-

Abschiednehmen

DANN KAM DER KRIEG, UND FÜR DIE JUNGENSCHAFT HIESS ES BALD ABSCHIED NEHMEN VON IHREM „HAUS BÜCHEL", DENN AUCH DIE JUNGEN VOM „MICHAEL" MUSSTEN EINER NACH DEM ANDEREN DAS UNERBITTLICHE LOS DES SOLDATEN AUF SICH NEHMEN. IN BÜCHEL WURDE ES IMMER STILLER. ERST KAMEN NOCH VIELE FELDPOSTBRIEFE, DANN HIELT DER TOD GRAUSIGE ERNTE AUCH UNTER DEN JUNGEN VON HAUS BÜCHEL:

HERIBERT ARETZ
BARTHO BERGRATH
OSKAR GRÄBER
GERD KAVERMANN
FRANZ LANG
MICHAEL SCHAEFER
GEORG SCHENKBERG
PAUL SCHENKBERG
MATTHIAS SCHMITZ
ALBERT WEBER
GEORG WEBER

SAHEN DIE HEIMAT NICHT WIEDER.

BARTHO BERGRATH

UND SEIN VERMÄCHTNIS AN DIE JUNGEN VON HAUS BÜCHEL: Toujours en avant

(ORIGINAL AUF DER RÜCKSEITE DIESES FOTOS)

* 1923 9. JULI

GEFALLEN 1944 30. JULI + IN FRANKREICH

ALLES JUNGENLEBEN, DAS HEUTE WIEDER FROH UND UNBEKÜMMERT IN DEN ALTEN STUBEN VON HAUS BÜCHEL PULSIERT, SOLL IHNEN EIN LEBENDIGES DENKMAL SEIN!

Bild links: Bernhard Linnenkohl vermerkt in seiner „Chronik" elf „Jungen von Haus Büchel", die im Krieg starben.

Bild rechts: Im Krieg und einige Jahr nach Kriegsende diente das „Haus Büchel" als vorrübergehende Unterkunft für Menschen, die in Köln keine Wohnung mehr hatten. Bereits wenige Tage nach der Kapitulation der Wehrmacht ignorierten Jugendliche aus der Pfarrei St. Michael die Ausgangssperre der Besatzungstruppen, um aus „Haus Büchel" ihr altes

Banner zurück nach Köln zu holen. Es sollte schon im Mai 1945 wieder in der Fronleichnamsprozession der Pfarrei mitgeführt werden. Als Linnenkohl aus der Kriegsgefangenschaft zurückkehrte, war das Naaftal schon wieder Ziel für Zelt- und Wanderfahrten der Kölner Jugendlichen. Am 18. Mai 1952 wurde das „Haus Büchel" mit einem Fest und dem Segen des Stadtjugendseelsorgers Reinhard Angenendt offiziell wieder eröffnet. Das Haus wird dann zunächst zum Treffpunkt für Gruppen der Kölner Katholischen Jugend, aus bündischen Organisationen wie „Nerother Wandervögel" und „Zugvögel", des Bund Neudeutschland und der Pfadfinder, denen sich Linnenkohl 1959 anschloss. Das Haus wird bis in die 1980er Jahre genutzt. Ludwig Sebus hat es nach dem Krieg nicht mehr besucht.

Russisches Propagandaplakat.

ihr Leben lang träumen würden. Zusammen mit einem Mitgefangenen erlebte der junge Mann, wie über ihm die Decke einstürzte. „Der ganze Schotter kam runter und die Lore kippte um. Was genau passiert ist und wie lange es gedauert hat, bis ich gerettet wurde, weiß ich nicht.“ Sebus überlebte, weil er unter der umgestürzten Lore lag und so weiter Luft zum Atmen bekam. Mit Verletzungen an der Hand und im Gesicht wurde er geborgen. Ein deformierter Finger an der linken Hand erinnert ihn bis heute an den schweren Unfall, der ganz anders ausgehen hätte können. „Es gab dort keine Sanitäter, keinen Verband, noch nicht einmal eine Pinzette.“ Ungefähr ein dreiviertel Jahr habe er nicht richtig hören können, am Anfang sei er sogar taub gewesen. Es gab keinen Arzt, der ihm sagen konnte, was los war. „Es ist ein komisches Gefühl, wenn man nicht weiß, ob sowas jemals wieder besser wird.“ Das Gehör kam langsam wieder. Was aus dem Kumpan wurde, weiß er nicht. Er habe wohl ebenfalls überlebt, aber gesehen hat er ihn nicht mehr. Etwa ein Jahr später wurde das Lager aufgelöst. Die schlechten Bedingungen hätten zu vielen Todesfällen geführt, außerdem sei kaum noch Kohle aus dem Berg zu holen gewesen.

Die Aktenlage über die Kriegsgefangenenlager in der Sowjetunion ist weiterhin extrem dünn. Genaue Informationen über das Lager lassen sich nicht finden. Möglicherweise war es der Verwaltung des Hauptlagers in Sewastopol unterstellt, über das es Angaben des Deutschen Roten Kreuzes gibt. Demnach starben hier täglich fünf bis 15 Gefangene, in einem dazugehörenden Lazarett 30 bis 35. Ludwig Sebus sagt, dass in dem Lager, in dem er arbeiten musste, zu Beginn über 1700 Kriegsgefangene waren. Am Ende seien es noch rund 400 gewesen. Über die Toten wurde nicht Buch geführt. „Wenn Leute verstarben, mussten die eigentlich registriert werden", sagt Sebus. „Da wurden Namen auf Zeitungspapier geschrieben. Und die nächste Wache hat sich aus dem Papier 'ne Zigarette gedreht. Das war eine widerliche Zeit, was die Menschenwürde anging."

Zusammen mit den anderen Gefangenen wurde er in ein Lager im Donezbecken verlegt. Wieder wusste keiner, was passiert. „Ich hatte die Hoffnung, dass es nachhause ging, aber die Fahrt führte nach Osten." Die Gefangenen saßen in vergitterten Güterwaggons, die zu den Bergwerken bei Stalino, dem heutigen Donezk, gezogen wurden. Ihr Zustand war ähnlich wie der auf der Krim, meint Sebus. Die Bedingungen waren schlecht, die Ausbeute gering. Nach langen Fußmärschen vom Lager zum Bergwerk mussten die Arbeiter dort durch dunkle Schächte klettern. Manchmal habe allein das eine Stunde gedauert. Ein Arbeitstag hatte nicht selten vierzehn Stunden. Auch hier seien viele gestorben. Allerdings stand das Lager unter der Aufsicht des Roten Kreuzes, das immer wieder mal vorbeigekommen sei, um den Zustand zu kontrollieren. Wenn wieder ein Besuch anstand, habe man das drei Tage vorher mitbekommen. Dann wurden die übelsten Missstände beseitigt. „Die Gefangenen sollten einigermaßen zufrieden sein." 18 000 seien hier untergebracht, beaufsichtigt und von Antifaschisten für die Rückkehr nach Deutschland geschult worden. Wann die erfolgen sollte, blieb weiterhin unklar.

Von dem, was in Deutschland passierte, bekamen die Gefangenen wenig mit. „In der Lagerzeitung wurde auf die Kapitalisten geschimpft. Die Bourgeoisie war der Feind und Adenauer galt als Sprachrohr und Marionette der Amerikaner und Engländer", erzählt Sebus. „Man hatte nur beschränkte Möglichkeiten, etwas zu erfahren." Kurios: Ausgerechnet der Hit „Wir sind die Eingeborenen von Trizonesien" von Karl Berbuer schaffte es in die Lagerzeitung. Die Westdeutschen hätten eine neue Hymne, sei da zu lesen gewesen, so Sebus. Das habe er Berbuer später erzählt: „Do bes sojar en Russland bekannt." Wie es heißt, soll eine Blaskapelle 1949 den Hit aus der vorangegangenen Karnevalssession nach einem internationalen Pferderennen in Köln unter dem stürmischen Beifall des Publikums als Ersatz für die verbotene Nationalhymne intoniert haben. Weitere Anlässe sollten folgen.

Viel schlimmer als die Zensur und die weitgehende Nachrichtensperre über die Politik in der Welt war, nicht zu wissen, wie es der Familie geht. „Zweieinhalb Jahre wusste ich nichts von meinen Angehörigen und die nichts von mir." Später konnte man alle sechs Wochen eine Karte schreiben. Die Russen hatten die maximale Anzahl an Worten festgelegt. Außerdem durfte man nicht den Ort erwähnen, wo man sich befand. Die Verwandten konnten trotzdem antworten, weil die Karten mit Nummern gekennzeichnet wurden, die dann als Adresse genutzt werden konnten. Es dauerte Monate, bis die Antwort im Lager ankam.

Deutschsprachige Antifaschisten und Kommunisten waren als Lehrer beschäftigt. „Und damit die Umschulung nicht ganz so nüchtern war, haben die verschiedene Gruppen für Kultur zugelassen." Talente habe es genug gegeben. „Bei so vielen Menschen hast du alles dabei." Ludwig Sebus interessierte sich für einen Männerchor. „Da sangen 300 Männer mit tollen Stimmen. Ich habe nie wieder in meinem Leben einen solchen Klangkörper erlebt. Da konnte man die Mainzer Hofsänger vergessen."

Es klingt seltsam: Aber der Grundstein für die Karriere als Bühnenstar wurde trotz des Elends in einem russischen Kriegsgefangenenlager gelegt. Vor dem Krieg hatte Ludwig lediglich Erfahrungen in einem Kinderchor gesammelt oder bei Kinderstücken im Reichshallentheater zugeschaut. Auf die Bühne hatte es ihn bis dahin nicht gedrängt. Wie eng Leid und etwas Glück miteinander verbunden sind, wird mit seinem Einstieg in ein Schlagerquartett deutlich. Ludwig profitierte von der Krankheit eines Bekannten. Als er ins Krankenhaus abtransportiert wurde, empfahl er ihm, für ihn einzuspringen. Erich Nalbach aus Wesseling hatte er im Lager kennengelernt und ihm bei den Proben zugeschaut. Der Mitgefangene erholte sich nicht mehr und starb an einer Lungenentzündung. „In drei Tagen habe ich mir das Repertoire draufgeschafft, um den Russen zu beweisen, dass ich die Rolle von Erich übernehmen kann." Es gelang. Sebus wurde Mitglied im Schlagerquartett, das drei Mal die Woche auftrat. Gesungen

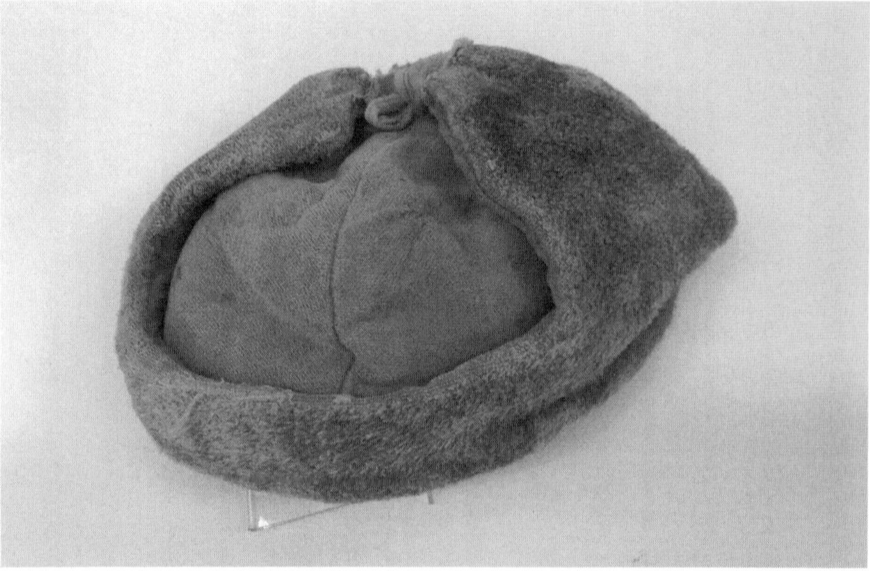

Andenken an die Kriegsgefangenschaft: Mit dieser „Russenmütze" kehrte Sebus aus Russland zurück.

wurden bekannte Schlager, darunter Ostermanns „Heimweh nach Köln", „unsere Nationalhymne". Auch Singspiele wurden einstudiert. „Es war fast wie eine Erholung, wenn wir den Gefangenen und damit natürlich auch den Russen Vorstellungen anbieten konnten", erinnert sich Sebus im Buch von Hans-Jürgen Jansen an den Start als Bühnenkünstler. „Den Russen gefiel es, weil wir damit allen Abwechslung und Ablenkung verschafften. Aus Baumstämmen, Grubenmaterial und Brettern bauten wir die Bühne. Die Requisiten und die Kulisse haben wir ebenfalls aus den vorhandenen Baumaterialien und Resten gefertigt. Es war erstaunlich, welch ungeahnte Fähigkeiten in jedem Einzelnen schlummern, wenn er nur die richtige Motivation hat." Der Lohn war ein leichteres Leben im Lager. Er wurde von den Strapazen im Bergwerk befreit und bekam leichtere Arbeiten zugeteilt.

„Und dann wurde ich auch noch Schauspieler!", erinnert sich der Sänger an die nächste künstlerische Herausforderung. Zur Umerziehung gehörte die Präsentation von Theaterstücken mit klarer politischer Tendenz. Sebus spielte im Drama um „Professor Mamlock" mit, in dem der Arzt,

Schriftsteller und deutsche Kommunist Friedrich Wolf die Geschichte eines jüdischen Arztes erzählt, der sich wegen der Repressalien der Nazis das Leben nimmt. In dem Stück „Begegnung an der Elbe“ („Oberst Kusmin“) geht es um die Außenpolitik der USA und ihren Geheimdienst, die Deutschland remilitarisieren und die Versöhnung mit der Sowjetunion torpedieren wollen. Einen nachhaltigen Eindruck muss Ludwig Sebus in einem weiteren Stück Friedrich Wolfs hinterlassen haben. Im Schauspiel „Die Matrosen von Cattaro“, in dem die erfolglose Revolte der kriegsmüden Matrosen der österreichischen Schwarzmeerflotte am Ende des Ersten Weltkriegs verhandelt wird, wurde der junge Hobbyschauspieler aus Köln an der Reling des nachgebauten „Panzerkreuzers St. Georg“ mit viel Aufwand erschossen. Damit alles echt aussah, schlug sich Sebus auf eine Tüte voll roter Farbe, die er unter einem weißen Hemd befestigt hatte. Er habe irgendwas wie „Es lebe der Sozialismus“ gerufen, bevor sich das Hemd rot färbte. „Ich kunnt esu jot sterve.“ So habe er wahre Beifallsstürme ausgelöst, die Frauen der russischen Lagerverwaltung hätten geschrien und Tränen verdrückt. „Ich habe immer gerne jugendliche Liebhaber und Helden gespielt.“

Im Rückblick klingt manches leichter, als es war. Nimmt man die schrecklichen Erinnerungen nicht mit auf den weiteren Lebensweg? Sebus verneint das. Schlimme Träume habe er nur in der Gefangenschaft gehabt. Da habe er geträumt, zuhause zu sein, und dann einen Schock erlebt, wenn er im Lager wieder wach wurde. Grausam habe er gefunden, dass viele zuhause nicht gewusst hätten, ob ihre Angehörigen noch leben oder tot sind. Die Sowjetunion ließ Familien Jahrzehnte im Ungewissen. In vielen Fällen gab es nie eine offizielle Information über den Tod eines Gefangenen. Auch die Familie von Erich Nalbach sei nicht von staatlichen Stellen über seinen Tod informiert worden. Ludwig Sebus überbrachte die Todesnachricht. Nach seiner Rückkehr nach Köln sei er nach Wesseling gefahren, um der Mutter und den Geschwistern von Erichs Tod zu berichten. „Sie waren froh, dass die Ungewissheit vorbei war. Die Mutter sagte zum Abschied: Jetzt brauche ich nicht mehr zu hoffen.“

„Dann kommt die Vernunft des Glaubens ins Spiel"

Ludwig Sebus über den Glauben, den lieben Gott und den Tod

Es ist ja so: Entweder glaubst du, dat et wigger jeit – und nimmst dann auch diese Dinge wahr. Oder du sähs: Dat jitt et all janit. Dann glaubst du aber auch. Du glaubst nur, dass nix hingerher kütt. Mann kann ja nichts beweisen.

Ich glaube aber, dass du besser lebst, wenn du daran glaubst. Und dann kommen Pluspunkte auf einen an. Da ist für mich – ohne dass ich theologische Ergründungen treffe – die Lösung der Fragen einfacher. Wenn du so eine Lebenserfahrung gemacht hast wie ich, denkst du, dass der Herrgott doch irgendwie 'ne Hand über dich hielt. Es gab viele Situationen, wo ich gemerkt habe: Ich bin nicht ganz allein. Der Glaube ist das Fundament, auf dem ich die vielen Aufs und Abs im Leben bewältigen konnte.

Wenn du an nichts glaubst, kannst du so leben, dass du menschlich nichts beweisen musst. Dann bist du nur auf dich bezogen. Wenn du glaubst, dass du keine Rechenschaft abgeben musst, wenn du nur die Sachen siehst, die dir von Nutzen sind, die dir gefällig sind, ohne Rücksicht auf andere, dann wird die Welt brutaler und unmenschlicher. Wenn du aber erwartest, dass du irgendwann mal über dein Leben und dein Verhalten Rechenschaft ablegen musst, dann ist das was anderes. Was als Geschenk von Gott an die Menschen kommt, ist der freie Wille. Du kannst dich entscheiden, wie du willst, hin und her, un krüz un quer, jot oder böse, wie de willst. Aber dann bist du auch für die Folgen verantwortlich.

Ich glaube nicht an einen lieben Gott. Der wird den Kindern vorgemacht. Dieses Bild vom lieben Gott mit Bart ist Unsinn. Ich glaube an einen gerechten Gott, der einen auch bestrafen kann. Ich stelle mir das so vor: Nach dem

Tod ist man in Gottes Nähe. Du wirst in irgendeiner Form in Gottes Welt sein. Aber es werden ihm nicht alle gleich nah sein. Da gibt es dann eine Zone, in der du entfernt von Gott bist und du die Sehnsucht hast, ihm näher zu sein. Das ist die Phase, wo man geläutert wird. Man kann das Fegefeuer nennen, Läuterung finde ich aber besser.

Natürlich habe ich mich auch immer wieder mal gefragt, wie der Herrgott das Leid, was ich erlebt und gesehen habe, zulassen konnte. Für vieles sind die Menschen selbst verantwortlich. Aber manches kann man nicht erklären. Da gibt es keine Antwort. Gott ist allmächtig. Das kann man sich nicht richtig vorstellen. Es sind Dinge möglich, die du mit dem Verstand nicht erklären kannst. Da, wo du mit deinem Verstand an Grenzen stößt, kommt die Vernunft des Glaubens ins Spiel. Zweifel kommen einem immer. Aber im Grunde muss ich sagen, dass die sich immer positiv aufgelöst haben. Weil ich große Erfahrungen hatte, wo ich erlebt habe, dass Gott dir Hilfe zukommen lässt, wenn du ihn ansprichst. In jedem Fall aber, egal, wie schwierig eine Situation im Leben ist, ist es immer besser und für mich gesehen auch einfacher, dem Herrgott irgendwie die Hand hinzuhalten und zu sagen „Führe mich". In Situationen, in denen ich meinem Schicksal gegenüberstand, war mein christlicher Glaube unersetzbar.

Ich habe keine Angst vorm Tod. Auch meine Frau hatte keine Angst vor dem Tod. Wo du Angst vor haben kannst, ist die Art, wie du stirbst.

Jede Stein en Kölle es e Stöck vun der

Aufbau und Verdrängung in der Nachkriegszeit

Aus heutiger Sicht ist kaum vorstellbar, wie eine Gesellschaft nach einer Diktatur, einem Krieg mit Millionen Opfern und den Verbrechen des Naziregimes wieder zueinanderfinden konnte. Soldaten und Kriegsgefangene kehrten mit unterschiedlichen Erfahrungen zurück. Ältere Exilanten, die die NS-Zeit im Ausland verbracht hatten, beanspruchten die politische Führung, während ihnen andere die Flucht zum Vorwurf machten. Familien hatten Angehörige verloren – an der Front, im KZ oder beim Bombenkrieg zuhause. Es gab Menschen, die drangsaliert und gefoltert worden waren, als „Stille Helden" Verfolgten beim Überleben geholfen oder gar Widerstand geleistet hatten. Sie trafen auf die Menschen, die weg- und zugeschaut oder mitgemacht hatten. Und es gab die, die an Verbrechen und Verfolgung beteiligt waren. Sie alle trafen sich in der zerstörten Stadt wieder und mussten miteinander klarkommen. Noch schwerer ist vorstellbar, wie die Menschen es schafften, miteinander zu feiern. Im August 1948 wird mit viel Aufwand in der Trümmerlandschaft der Innenstadt das 700-jährige Domjubiläum begangen. Im Februar 1949 zieht wieder ein Rosenmontagszug durch die Stadt. Motto: „Mer sin widder do un dun, wat mer künne!" Man nennt den Zoch „erweiterte Kappenfahrt", vieles ist noch improvisiert. Im Juni 1950 kommen Bundespräsident Theodor Heuss und viel Prominenz in den notdürftig hergerichteten Gürzenich, um das 1900-jährige Stadtjubiläum zu feiern. Rund 250 000 Besucher strömen in eine Ausstellung zur Stadtgeschichte im Deutzer Staatenhaus. An vielen Orten wird gefeiert, rund um den Dom wird ein großes Volksfest veranstaltet.

In diese Stadt voller Aufbruchstimmung, aber auch voller Gegensätze kehrte Ludwig Sebus im Januar 1950 zurück – mit einem Urlaubsschein

Kurz nach der Rückkehr aus der Gefangenschaft steht Ludwig Sebus beim Altermarktspielkreis mit auf der Bühne, hier 1950 als Minnesänger.

in der Tasche. Denn richtig freigelassen hatten ihn die Russen nicht. „Wenn man es genau nimmt, bin ich bis heute auf Urlaub hier." Ein russischer Kulturoffizier jüdischen Glaubens, mit dem sich Sebus im Lager gut verstanden hatte, wollte das Talent des Kölners weiter fördern lassen und hatte ihm eine Fortbildung in einer Kulturakademie in der im Oktober 1949 gegründeten DDR angeboten. Dort sollte für den Aufbau des Staates und seine Stützung eine kulturelle Elite ausgebildet werden: Gefördert wurden Akteure für Schauspiel- und Opernbühne, aber auch für den Rundfunk. Ludwig Sebus nahm das Angebot an, sich als Rundfunksprecher ausbilden zu lassen. Das Vertrauen des Offiziers der Roten Armee in Sebus und dessen Bereitschaft, sich in den Dienst des Sozialismus zu stellen, war offenbar so groß, dass er ihm erlaubte, vor Beginn der Ausbildung die Eltern „im kapitalistischen Westen" zu besuchen. Der zukünftige Sprecher im DDR-Rundfunk bekam eine Woche Urlaub, nachdem er eine Erklärung unterschrieben hatte, dass er sich danach in der Kulturakademie der DDR einfinden würde. Doch Sebus hatte nie vor, in den Osten zurückzukehren. Er meldete sich im Auffanglager Friedland an der Grenze zwischen britischer und sowjetischer Besatzungszone. In einem Koffer aus Sperrholz trug der abgemagerte und aufgedunsene Mann ein wenig Gepäck. Auf dem Kopf hatte er eine „Russenkappe", die ihm als einziges Zeugnis seiner Kriegsgefangenschaft erhalten blieb. Von Friedland aus wollte er nach Köln weiterfahren. Wegen seiner Dystrophieerkrankung musste er sich jedoch noch einige Wochen gedulden, bevor er im Januar 1950 endlich wieder zuhause sein konnte. Wegen der unklaren rechtlichen Lage und der Unsicherheit, ob ihn die Sowjetunion oder die DDR als geflohenen Kriegsgefangenen registriert hatten, seien Reisen in den Osten für ihn auch später nicht möglich gewesen. „Man wusste ja nicht, was einem da passieren konnte. Der Russe denkt bis heute, ich sei noch auf Urlaub."

Mit einem Telegramm kündigte er seinen Eltern die Ankunft in Köln an. An den Augenblick, als er aus dem Zugfenster den Dom wiedersah, kann er sich gut erinnern. „Ich sah, wie er langsam immer größer wurde. Das war ein unbeschreibliches Gefühl, eine Mischung aus Dankbarkeit und Verwunderung. Alles war ganz unwirklich." Das Gefühl sollte ihn nach seiner Ankunft eine Zeit lang weiter begleiten. Er kam in eine Welt, die er nicht kannte. Sich wieder einzufinden und Anschluss zu finden, war nicht einfach.

Vom Hauptbahnhof fuhr Ludwig mit der Bahn nach Neuehrenfeld, wo die Eltern zusammen mit seiner Schwester mittlerweile wohnten. Zwei Mal waren sie im Krieg ausgebombt worden. Sein Vater habe mit Glück überlebt, berichtet der Sohn. Als die Decke über ihm zusammengebrochen sei, habe er unter einer Stahlstrebe gelegen, sodass er nicht verschüttet wurde. Die letzten Kriegsjahre hatte Köbes Sebus bei der Feuerwehr gearbeitet. Er war für den „Sicherheits- und Hilfsdienst", kurz SHD, zwangsverpflichtet worden, nachdem er seinem Beruf nicht mehr nachgehen konnte, weil

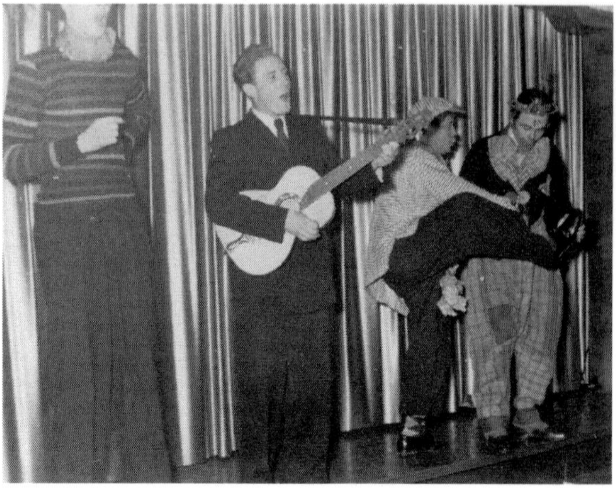

Spaß bei einem Betriebsfest der Firma Lanz, wahrscheinlich 1953.

auch das Haus in der Moltkestraße zerstört worden war. Maria Sebus und Tochter Hella waren bis zum Kriegsende zu Verwandten ins Münsterland gezogen. Als Ludwig Sebus zurückkehrte, wohnte die Familie in einem Haus, das als Eigentum eines NSDAP-Mitglieds zur Unterbringung von Menschen, die keine Wohnung mehr hatten, beschlagnahmt worden war. Mutter und Schwester hätten sich stark verändert, erinnert sich Ludwig an das Wiedersehen. „Man konnte meiner Mutter den Krieg und all die Sorgen ansehen." Jahrelang hatte er nicht mehr in einem sauberen Bett geschlafen. „Endlich wieder ein richtiges Plümmo anstelle eines Strohsacks."

Wie die meisten, die aus der Gefangenschaft zurückkehrten, litt Sebus an Unterernährung und ihren Folgen. „Wir Heimkehrer waren aufgeschwemmt, der ganze Körper war voll Wasser." So musste er sich zunächst im Krankenhaus wegen Dystrophie behandeln lassen. Diese durch mangelnde Ernährung ausgelöste Krankheit war wohl die häufigste Todesursache in russischen Kriegsgefangenenlagern. Weil es zu wenig zu trinken gab, waren die Nieren angegriffen. Schwieriger als der Umgang mit den gesundheitlichen Folgen der Gefangenschaft war es wohl, sich mit dem Alltag im Nachkriegsköln zu arrangieren. So habe er ein Jahr lang keine Uniformierten in seiner Umgebung ertragen können, auch keine Polizei. „Man schaut sich immerzu um. Ist das einer, der etwas von dir will? Biste wirklich frei?" Für die Menschen um ihn herum war im Gegensatz zu ihm der Krieg schon über vier Jahre vorbei. „Es war noch vieles kaputt, aber überall herrschte eine kolossale Aufbruchstimmung. Die Leute bauten die Stadt wieder auf. Es gab noch nicht so ein großes Gefälle zwischen Reich und Arm. Alle waren bemüht, zu etwas zu kommen."

Und was war aus den Nazis geworden, den vielen Kölnern, die mitgemacht hatten? „Natürlich habe ich versucht, die Denunzianten von damals und die gefährlichen Leute zu entdecken", erinnert er sich. Aber das war eben nicht so einfach, wie es klingt. „Als ich zurückkam, war der Krieg ja schon vier Jahre vorbei. Die Menschen haben das alles verdrängt, die Entnazifizierungsverfahren waren gelaufen." Die Kölner waren mit anderen Dingen beschäftigt. Die Entwicklungen der vergangenen Jahre hatten mit rasantem Tempo die Grundlagen für das geschaffen, was man später „Wirtschaftswunder" nennen wird. Sebus war noch in der Ukraine, als die Alliierten mit der Währungsreform den Startschuss für den Aufschwung gaben. Die Regale in Geschäften waren wieder voll. Bei Ford lief die Produktion für Personenwagen wieder. Sebus hatte zwei Kommunalwahlen verpasst. Im Stadtrat war man sich weitgehend darüber einig, dass das kulturelle Leben nicht erst wieder in Schwung gebracht werden sollte, wenn Not, Trümmer und Elend beseitigt waren. Im Gegenteil: Gerade weil die Stadt in Trümmern lag, sollten das Millowitsch-Theater, das Hänneschen und das Gürzenich-Orchester schnell wieder spielen. Weder die britischen Besatzer noch die städtische Verwaltung hätten dies alles so schnell geschafft, wenn sie nicht mit Mitläufern kooperiert hätten, die auch während der Nazizeit für die Verwaltung, die Justiz, das Bildungssystem oder die Polizei gearbeitet hatten. Der politische Preis für den Aufschwung war hoch. Ihn zu bezahlen entsprach jedoch der allgemeinen Stimmung in der Bevölkerung, die von der Vergangenheit wenig wissen wollte.

Er habe sich schon darüber gewundert, dass „viele wieder Fuß gefasst" haben, erinnert sich Ludwig Sebus. „Diese Leute wurden in Ruhe gelassen." Richtige Verbrecher wie zum Beispiel Mitarbeiter der Gestapo habe er nach seiner Rückkehr eigentlich nicht mehr gesehen. Bei den Roten Funken habe er es später mit einem „bewussten Nazi", der bei der Leibstandarte Adolf Hitlers gewesen sei, zu tun gehabt. „Hitler war für den der Herrgott, und alle Juden waren Verbrecher." Der Mann im Funken-Korps sei aber eine Ausnahme gewesen. „Wir haben uns über den lustig gemacht und ihm empfohlen, doch in die Fremdenlegion einzutreten." Weniger leicht hat er eine andere Begegnung genommen. Eines Abends sei er mit Freunden ins Sion-Brauhaus gekommen, wo an einem Tisch großes Aufsehen herrschte. Da wurde laut gesprochen, gewitzelt und einander zugeprostet. Der Mann, um den sich die anderen scharten, war der ehemalige Kölner NS-Gauleiter Josef Grohé. Hitlers Statthalter im Rheinland war ein freier Mann, zeigte sich öffentlich und genoss das Leben in Freiheit. Nachdem er sich auf dem Land versteckt hatte, war er 1946 von den Briten verhaftet worden. 1950 war der Mann, der 1922 in Köln die NSDAP mitbegründet hatte und bis zuletzt ein überzeugter Nationalsozialist gewesen war, zu viereinhalb Jahren Haft verurteilt worden. Die Strafe galt wegen der vorherigen Internierung als „verbüßt". Ein Teil der Strafe war zur Bewährung ausgesetzt worden, weil der NRW-Ministerpräsident einem Gnadengesuch stattgegeben hatte. „Wie konnte das sein, dass so einer wieder frei rumläuft?", habe er sich damals wie heute gefragt, so Sebus. Grohé und diejenigen zu sehen, die sich ihm anbiederten, sei „widerlich" gewesen. „Da kann man erkennen, dass es gefährlich ist zu sagen: ‚Die Zeiten sind vorbei.' Man muss auch in der Demokratie immer wieder hellwach sein, um Gefährliches früh zu erkennen."

Die Firma Lanz, wo Sebus vor dem Krieg gearbeitet hatte, stellte ihn wieder ein. Er arbeitete ab 1950 im Vertrieb des Landmaschinenherstellers. Im gleichen Jahr bewarb er sich erfolgreich beim „Altermarktspielkreis", der neue Mitstreiter suchte. Der Spielkreis hatte sich im Zusammenhang mit den 1900-Jahr-Feierlichkeiten gegründet und probte für ein neues kölsches Theaterstück. Ludwig Sebus drängte es auf die Bühne. Die Erfahrungen in den verschiedenen Formationen im ukrainischen Kriegsgefangenenlager seien tatsächlich eine Motivation gewesen, sagt er. Aus dem Lager hat er einen Gedanken mitgebracht, der zur Leitidee seiner Arbeit auf den kölschen Bühnen werden wird: Mit Theater und Musik kann man Menschen, selbst wenn sie in größter Not leben, Ablenkung und Freude verschaffen. Er hatte gespürt und erfahren, dass er dafür ein Talent hatte. Aus den Umerziehungswünschen der Russen war nichts geworden. Es blieb aber die Gewissheit, eine Seite an sich entdeckt zu haben, von der er zuvor nichts gewusst hatte. Seine positive Sicht aufs Leben ließ sich an ein Publikum vermitteln. Die Aufführungen im Lager hätten den Mitgefangenen „eine kurze Erleichterung" verschafft, so Sebus in einem Text für das Buch von Hans-Jürgen Jansen. „Mir wurde immer klarer, dass mein positives Denken mir selbst zugutekam, und dass dieses noch verstärkt wurde, indem ich es auf meine Mitmenschen überspringen lassen konnte."

Im „Altermarktspielkreis" war eine seiner ersten Rollen die eines Minnesängers. Bei Betriebsfesten seines Arbeitgebers sang er zur Gitarre und als „Kölsche Jeck" stand er bei einem Karnevalsball der Landwirtschaftskammer auf der Bühne. 1952 stieß er zur Kajuja, dem karnevalistischen Ableger der organisierten katholischen Jugend. Hier traf der Heimkehrer auf alte Freunde und Bekannte aus der Pfarrei St. Michael wie Heinz-Helmut Simon, der später Präsident der Karnevalsgesellschaft der Großen Kölner wurde, Michael Hoch, der bald als „Weinseliger" zum bekannten Büttenredner wurde, oder Werner Brock, der als Schöpfer der „Kölschen Mess für Urjel, Tröt un Trumm" in die Stadtgeschichte eingehen sollte.

Das katholische Pfarrleben und die katholische Jugend waren eng mit dem Karneval verbunden. Die Freunde aus der Vorkriegszeit hätten ihn animiert, zur Kajuja zu kommen, erinnert sich Sebus. So kam es bei einer Kajuja-Sitzung zum ersten Auftritt auf einer größeren Karnevalsbühne. Der Nachwuchskünstler sang das wunderbare Liedchen „Schön bruchste hück nit uszosinn", das er für eine Karnevalsrevue im „Altermarktspielkreis" geschrieben hatte – eine feine Hommage an das jecke Fest der Sehnsüchte. Der Aufruf, sich zum Feiern zu verkleiden, hatte fast etwas Revolutionäres, weil das weder im Sitzungs- noch beim Straßenkarneval zu dieser Zeit kaum jemand tat. „Nervös und unsicher" sei er gewesen. Bei der Kajuja machte er die ersten Erfahrungen am Mikrofon. Elektrische Verstärkung war noch längst nicht selbstverständlich. Bei einigen Sitzungen, die noch ohne große Technik hantieren mussten, standen die Leute von ihren Plätzen auf und gingen zur Bütt oder Bühne, um den Vorträgen zu lauschen.

Für die ganz große Bühne brauchte es etwas Zuspruch seines Freundes Robert Schumann, den er im „Altermarktspielkreis" kennengelernt hatte. Der spätere Literat der Roten Funken fand, dass Sebus für den Sitzungskarneval genau der Richtige sei. Er sollte neue Karnevalslieder schreiben. Der Vorschlag hatte durchaus etwas Verwegenes. Schließlich gab es eine ganze Reihe an altgedienten, äußerst populären Konkurrenten in diesem Metier der singenden Entertainer im Fastelovend. Interpreten wie Karl Berbuer, Jupp Schmitz, Jupp Schlösser, August Batzem oder Fritz Weber waren Stars im Fastelovend. Hinzu kamen die einmaligen Vier Botze und andere Formationen

1952 vor einem Auftritt in der „Bütt".

singender Unterhaltungskünstler. Sich hier einen Platz zu erkämpfen, war schwer. Mancher, der Ähnliches vorhatte, scheiterte. „Der Nachwuchs drängte, aber die gestandenen Karnevalisten waren wie eine hohe Mauer", sagt Sebus.

Im Hotel Haus Lyskirchen gab es einen sonntäglichen Karnevalistenstammtisch, wo man sich ausprobieren konnte. Ludwig Sebus stellte sich dem Test mit einem Lied, das er zusammen mit Werner Brock geschrieben hatte: „Ohne Musik jeiht et nit, ohne dä Zimmbumm. Dr Hein, dä schleit de decke Trumm un ich dann die Lavumm." Es ging um ein Silberhochzeitsfest, bei dem „de halve Stroß op de Bein" war, und um Musiker, die immer mal was trinken müssen, damit sie nicht in den Streik treten. Aufgenommen wurde das Lied erst über dreißig Jahre später von den Kragenknöpp. Bei der Vorstellung im Haus Lyskirchen war es ein Flopp. „Giv dä janze Krom dran", riet ihm der arrivierte Karnevalist Willi Klett, der als „Hä selvs" in die Bütt ging, nach dem Auftritt öffentlich. „Dat es nix, wat Do do mäs." Für den jungen Mann, der sich hier ausprobieren wollte, war das ein „harter Schlag". „Ich war völlig deprimiert." Er sei zu Fuß vom Rheinufer zurück nach Neuehrenfeld gegangen. „Als ich zuhause ankam, war der Kopf wieder frei. Und da habe ich mir gesagt: Dem will ich es beweisen."

Am 11.11.1953 stand der nächste Test an. Der „Nachwuchskünstler" sang im Sartory-Saal das heute weitgehend in Vergessenheit geratene Lied: „Hück tröte mir die ganze Naach, rädädätää, rädädätää, bis morje fröh es Sönnche laach, rädädätää, rädädätää. Kein Noteblätter bruche mir, uns Note sin Schabau un Bier ..." Er habe den Alkohol verherrlicht, sagt er augenzwinkernd im Rückblick. Das zweite Lied nahm Bezug auf die Erfindung des Penicillins. In „Kölsch Penicillin" heißt es unter anderem: „Ne echte kölsche Wetz vum Tünnes un Schäl es Balsam för et Hätz. Do jeihs nit fehl, jo su en Mellizing, loss nor nit stonn. Die nimmp dir Sorg un Ping, do bruchs nit zum Doktor ze jonn."

Das war noch nicht der Durchbruch, aber ein Anfang. Ludwig Sebus durfte sich ein paar Wochen später beim Vorstellabend des Literarischen Komitees präsentieren. Heute unvorstellbar: Damals stellten die Karnevalsgesellschaften und -vereine ihre Sitzungsprogramme erst nach Neujahr zusammen. Es gab keinen anderthalb Jahre langen Vorlauf wie heute. Wer beim Vorstellabend dabei war, hatte die Chance auf Auftritte in der laufenden Session. „Ich hatte meinen Kalender dabei und dachte, nach dem Auftritt stehen sie bei mir Schlange." Doch ganz so einfach war es nicht. Immerhin: Mit seinen ersten Karnevalsliedern wurde Ludwig Sebus für rund 30 Karnevalssitzungen gebucht, die meisten waren kleinere Veranstaltungen wie Pfarrsitzungen. Da half die enge Bindung ans katholische Milieu und die Kajuja. Aber auch ein Auftritt bei den Roten Funken, den Altstädtern und den Lyskirchener Junge sei dabei gewesen. „So konnte ich mich ein bisschen reinfinden, lernte die Säle kennen und sammelte weitere Erfahrungen."

Die Roten Funken fühlten sich verpflichtet, beim Wiederaufbau zu helfen. „Eine Mitgliedskaat" aus dem Jahr 1945. Der spätere Rote Funk Ludwig Sebus war zu diesem Zeitpunkt im Gefangenenlager der Roten Armee auf der Krim angekommen.

Am 11.11.1954 trat er bei den Roten Funken ein. Das Traditionskorps hatte sich in den Trümmern der Stadt bereits 1945 neu aufgestellt. Präsident Johannes Wiesbaum, der fast während der gesamten NS-Zeit an der Spitze der Funken stand und 1938 Bauer im Dreigestirn war, hatte wegen seiner braunen Verstrickungen das Amt niedergelegt. Die Funken halfen bei der Enttrümmerung und hatten den ersten Karnevalsumzug nach dem Krieg organisiert. Die Geschichte der Funken, die Verbundenheit mit den alten Stadtsoldaten, sei eine Verpflichtung gewesen. Er schätzte den Zusammenhalt „im Club" und die Bereitschaft, sich für die Stadt einzusetzen. Dass die Roten Funken seine karnevalistische Heimat wurden, war aus seiner Sicht ganz naheliegend. Hier wurde das Militärische persifliert, während in anderen Karnevalsgesellschaften Wert „auf exaktes Auftreten in der Tradition des preußischen Drills“ gelegt wurde, so Sebus. „Der Karneval frönt eben auch der Eitelkeit. Wer in einer Uniform gut wirken will, hat hier die Möglichkeit.“ Und wer es nicht ganz so ernst damit nimmt, mache das halt bei den Roten Funken. „Das ist mir lieber.“ Sebus wurde Mitglied im ersten der vier Funken-Knubbel. Stippeföttche hat er nach eigenen Angaben nie getanzt. „Ich wor affkommandeet zum Krätzjersinge.“ So erhielt er folgenrichtige den Funkennamen „Krätzjer“.

Im gleichen Jahr kam der große Durchbruch als Sänger im Fastelovend. Sebus selbst spricht von „ausgesprochenem Glück“, doch tatsächlich bewahrheitete sich das, was bis heute gilt: Man braucht einen Hit, um richtig ins Geschäft zu kommen. Sebus hatte ein Lied geschrieben, dass den Ton der Zeit genau traf, und dazu ein Bild gewählt, das die in die Zukunft gerichteten Hoffnungen des Wiederaufbaus mit dem sentimentalen Rückgriff auf den kölschen Mythos vom unzerstörbaren Zusammenhalt verband. Mit „Jede Stein en Kölle es e Stöck vun der“ löste der junge Karnevalssänger Begeisterung aus. Der Chef des offiziellen Karnevals, Thomas Liessem – nach einer kurzen durch sein Entnazifizierungsverfahren verlangten Zwangspause wieder an allen Schalthebeln des vaterstädtischen Festes –, erhob sich von seinem Platz, ging auf die Bühne und nahm dem Moderator das Mikrofon aus der Hand. Er verglich das Lied mit dem Schaffen Willi Ostermanns und lobte das Gehörte über alle Maßen. Sebus wurde zur Prinzenproklamation eingeladen. Das Fernsehen war live dabei. Im Gegensatz zum ersten Jahr füllte sich der Kalender mit Auftritten auf allen Bühnen.

Der Karnevalsoffizielle wurde einer seiner Förderer. Von Liessems Verstrickungen während der NS-Zeit wusste Sebus nichts. Über die Frage, welche Rolle zwischen Anpassung, „Narrenrevolte“ und Mitverantwortung das ehemalige Mitglied des SA-Reiterkorps hatte, wird erst Jahrzehnte später offen gestritten. Liessem hatte während der NS-Zeit dem Kölner Karneval formal die Selbstverwaltung gesichert, ihn dafür aber auf eine parteikonforme Linie gebracht. Ludwig Sebus lernte ihn schon vor Liessems öffentlichem Lob beim zweiten Vorstellabend kennen. Um bei den Präsentationen mitmachen zu dürfen, musste er sich beim mächtigen

Karnevalsfunktionär vorstellen. Für fünf Mark löste man eine Karte, um mitwirken zu können. Er habe ihm am Schreibtisch gegenübergesessen und tatsächlich sei das Gespräch auf die NS-Zeit gekommen, erinnert sich Sebus. Liessem habe ihm erzählt, dass er in die NSDAP eingetreten sei, um die Übernahme des Karnevals durch die NS-Organisation „Kraft durch Freude“ zu verhindern. Er habe für die Unabhängigkeit des Karnevals gestritten. Als Parteimitglied habe er mehr Einfluss auf die Entscheidungen nehmen können. „Ich hatte nicht den Eindruck, dass er ein großer Nazi war“, sagt Sebus im Rückblick. „Er war vor allem ein guter Geschäftsmann.“ Dass Liessem nach dem Krieg seine Biografie frisiert habe, „kann natürlich sein“.

Die Karnevalskünstler mit Rang und Namen kamen bei den „Muuzemändelcher“ zusammen, damals „die Top-Adresse in Köln“, so Sebus. „An denen kam nix vorbei“. Wer dabei war, wurde gebucht. Das war ein Qualitätsprädikat. Einfach eintreten konnte man dort nicht. Man musste angesprochen werden, bevor man sich für eine dreijährige Gastmitgliedschaft bewerben durfte. Der Vorsitzende der „Muuze“, Hans Jonen, hatte Sebus eingeladen, mitzumachen. So wurde Sebus Mitglied in der Karnevalistenvereinigung, in der sich Büttenredner und Sänger, die Altstars und die aufstrebenden Fastelovendsneulinge fast jeden Monat trafen. Auch dieser Kreis war in seiner Zusammensetzung ein Spiegel der westdeutschen Nachkriegsgesellschaft. Diejenigen, die in der NS-Zeit weiter als Unterhaltungskünstler gearbeitet und sich deshalb mal mehr mal weniger arrangiert hatten, trafen auf die jüngeren Weltkriegssoldaten. Einige wie Ludwig Sebus hatten an der Front im Kugelhagel gestanden, andere hatten zur Steigerung des Durchhaltewillens für Kraft durch Freude beim Fronttheater gesorgt. Ein Mann wie Karl Küpper, der von den Nazis bedroht und verprügelt worden war, weil er ihnen in der Bütt Kontra gegeben hatte, traf auf Mitläufer, die sich nichts getraut hatten.

Aber die Frage, was wer warum in der NS-Zeit gemacht hatte, war kein Thema. „Da wurde nicht drüber gesprochen“, sagt Sebus. Und auch als Küpper erneut Ärger bekam, weil den Karnevalsoffiziellen wie Thomas Liessem seine Reden zu kritisch waren, gab es darüber unter den Kollegen keine großen Debatten. Weil er sich nicht zensieren lassen wollte, bekam Küpper keine Auftritte in Fernsehsitzungen. Die Kollegen ließen es geschehen. Solidarität habe es keine gegeben, so Sebus. „Jeder hat für sich gesorgt." Sebus hatte eine enge Verbindung zu Küpper, er trat später in den Lokalen des unangepassten Karnevalisten ohne Gage bei Geburtstagen oder der Auszahlung des Sparkästchenvereins auf. Viele andere hätten Küpper geschnitten, „aber nicht aus politischen Gründen oder weil sie durch die Nazizeit belastet waren, sondern aus Neid. Küpper war der Star und blieb ein exzellenter Büttenredner."

Neben Küpper gilt manchem „Muuze"-Baas Hans Jonen als kritischer Geist, der sich in der NS-Zeit immer mal politisch Riskantes getraut habe, wie es ihm Horst Matzerath in seinem Band zur „Geschichte der Stadt Köln" über die NS-Zeit bescheinigt. Doch ganz so sicher wie Matzerath kann man sich mit dieser Einschätzung über Jonen nicht sein, denn neben Kritischem findet man in seinem Nachlass auch Anbiederndes. Im Entnazifizierungsverfahren wurde er als „politisch belastet" eingestuft. Zwei Arbeiten aus der Schriftenreihe des NS-Dokumentationszentrums – von Jürgen Müller 2008 und von Marcus Leifeld 2015 – kommen zu dem Schluss, dass man Jonen als jemanden bezeichnen kann, „der angepasst war und vom NS-Unrechtssystem profitiert hat", so Leifeld.

Auch bei der Beurteilung von Jonens Stellvertreter bei den „Muuzemändelcher", dem großen Kölner Liedermacher Karl Berbuer, ist das Bild nicht ganz eindeutig. Der Historiker Fritz Bilz hat eine ziemlich widerliche Lobhudelei auf Adolf Hitler gefunden, die er Berbuer zuschreibt. Der Karnevalist und Hobbyarchivar Wicky Junggeburth verwaltet einen umfänglichen Nachlass von Berbuer, zu dem auch persönliche Briefe gehören. Er hat nicht ein Schriftstück gefunden, das „in irgendeiner Weise eine braune Gesinnung erkennen lässt". Man weiß nicht viel über Berbuers Wirken in der NS-Zeit. Der schlimme Text „Revolution em Höhnerstall" wurde zur Session 1935/36 in einem Heft mit den „besten Karnevalsreden" abgedruckt. Wenn ihn Berbuer tatsächlich irgendwo vorgetragen hat, wäre das umso bemerkenswerter, weil kurz danach sein alles überstrahlender Allzeithit „Heidewitzka, Herr Kapitän" erschien. Die Kölner hätten das Lied in der NS-Zeit als Verspottung des Hitlergrußes gesungen und sich gerne mit einem langgezogenen „Hei-dewitzka" begrüßt, heißt es. Dass Berbuer das so beabsichtigt hatte, ist umstritten. Auch Zeitzeuge Ludwig Sebus bezweifelt das. Doch unabhängig davon ist das Stück ein wunderbares Loblied auf ein wildes, von Konventionen befreites Fest, das so gar nicht zu den Vorstellungen der NS-Tugendwächter passte.

Kritische Beobachter verweisen auch gerne auf Berbuers revanchistisches Nachkriegslied „O Mosella" oder seinen Hit von den „Eingeborenen von Trizonesien", die mancher revanchistisch oder zumindest ignorant findet. Doch beide Texte spiegeln den Zeitgeist. Weil der Unterhaltungskünstler in der Lage ist, diesen gekonnt aufzugreifen, hat er Erfolg. Dass Berbuers Nachkriegsschlager von den „Eingeborenen von Trizonesien" nicht nur ein Hit wurde, sondern 1948 bei Kölner Sportveranstaltungen sogar als Nationalhymnenersatz gespielt wurde, sagt mehr über die Stimmung der Zeit als über die politische Haltung des Autors aus. Das Lied verbindet eine verhaltene Kritik an der Besatzungspolitik mit dem Lob auf die Heimat. Und es lässt die Menschen tatsächlich drei Jahre nach der Befreiung der Konzentrationslager eine Zeile wie „Wir haben Mägdelein mit feurig, wilden Wesien" mitsingen. Man kann das durchaus pietätlos finden. Doch das Liedchen ist kein politisches Statement, es ist eine fröhliche, alberne, noch nicht mal trotzige Ablenkung. Berbuer war für Sebus ein „väterlicher Freund". Er bewunderte nicht nur sein Können, er schätzte ihn ebenfalls als Mensch. Ganz anders als die anderen Kollegen habe er ihn nie als lästigen Konkurrenten gesehen, sondern ihm viele gute Tipps gegeben. Über die persönliche Vergangenheit wurde jedoch nicht gesprochen. Der Blick zurück auf NS-Zeit, Krieg und die halbherzigen Entnazifizierungsverfahren war tabu. Folglich gehörte er nicht zum Repertoire der Kölner Texter.

Sebus bei einem Auftritt im Karneval, wahrscheinlich 1953.

Da war der Büttenredner Küpper eine große Ausnahme. Er scheute sich nicht, den Leuten den Spiegel vorzuhalten. Auch von „De Vier Botze" gibt es ein beeindruckendes Tondokument, in dem sie mit wenigen

Zeilen die Verlogenheit und den Opportunismus im Nachkriegsköln und Nachkriegsdeutschland aufs Korn nehmen. In dem als „tausendjähriger Marsch" angekündigten Lied singen sie, dass sie alle wie die gesamte Verwandtschaft Mitglied der „Pitei" gewesen seien. Nach einer Pause, in der sich eine „Botz", Richard Engel, einen Kamm unter die Nase hält, nachdem er sich einen Hitlerscheitel gekämmt hat, berichtet das Quartett, dass heute alle wieder in der „Pitei" seien – der eine in der CDU, der andere in der SPD und der Dritte in der FDP. Es gab durchaus weitere Texte im Karneval mit politischen Anspielungen. So wurde die wirtschaftliche Not genau wie der Aufschwung besungen; vorsichtige Kritik an den Alliierten war erlaubt, die Zerstörung der Stadt immer wieder Thema. Aber ihre Vorgeschichte wurde nicht erwähnt.

Da waren die Karnevalisten nicht anders als der Rest der Bevölkerung. Die Nazidiktatur schien wie eine Naturkatastrophe von irgendwoher über Stadt und Land gekommen zu sein. Keiner wollte dabei mitgemacht haben. Schon 1949 war die Entnazifizierung ganz offiziell und deutschlandweit als beendet erklärt und die Entnazifizierungsausschüsse aufgelöst worden. Die Politiker der Stadt waren genau wie die britischen Besatzer nicht mehr an der Aufarbeitung der Vergangenheit, sondern am Aufbau einer funktionierenden Verwaltung und der Förderung des städtischen Lebens interessiert. So wie nun in Verwaltung, Justiz oder Polizei Mitläufer und Belastete aus der NS-Zeit wieder Karriere machen konnten, wurden ebenso im offiziellen Karneval Betätigungsverbote aufgehoben. So durfte auch Thomas Liessem wieder Ämter übernehmen. Er wurde Leiter des Rosenmontagszuges und zunächst Vizechef im Festausschuss, dem Vorläufer des Festkomitees Kölner Karneval.

Der erste offizielle Rosenmontagszug nach dem Krieg, den das Organisationstalent Liessem mit anderen Verantwortlichen in die Trümmerlandschaft zauberte, war ein gutes Beispiel für die Selbstwahrnehmung in dieser Zeit. Unbescheiden, laut und prachtvoll zog er durch die Stadt, „so als wenn in Europa in den letzten Jahren nichts geschehen wäre", wie ein Nachrichtenkorrespondent in Italien schrieb. Der Zug nahm das 1900-jährige Stadtjubiläum als Thema auf. Auch die NS-Zeit kam vor: Ein Festwagen beschäftigte sich mit der „Entnazifizierung des Tünnes". Ihm wurde von einem Arzt eine „Anti-Nazin-Creme" verabreicht und eine

Der Motivwagen „Die Entnazifizierung des Tünnes" war der einzige, der sich im ersten Rosenmontagszug nach dem Krieg mit der Vergangenheit befasste. Er deutet an, wie leicht es war, die Entnazifizierungsprozesse zu überstehen.

Spritze „Demokratin" gesetzt. Es blieb der einzige Hinweis auf die jüngste Vergangenheit. Durch die Einbindung in eine ruhmreiche 1900-jährige Vergangenheit erschien das „Tausendjährige Reich" der Nazis „als eine untypische und kurze Phase der Stadtgeschichte", schreiben Michael Euler-Schmidt und Marcus Leifeld über den Rosenmontagszug 1950. „Der Schrecken und das Unrecht der Jahre von 1933 bis 1945 wurden dadurch relativiert." In den folgenden Jahren kam das Thema gar nicht mehr vor.

In den 1950er Jahren war ein selbstkritischer Umgang mit den Verstrickungen während der NS-Zeit nicht gefragt. Sie zu verschweigen und zu verdrängen war weitgehender Grundkonsens. Man schwieg aber nicht nur, wenn es um die eigenen Verstrickungen ging. Der Mantel des Schweigens wurde ebenso über diejenigen ausgebreitet, die sich anders verhalten hatten als die meisten. Das galt auch für die „Stillen Helden", wie Köbes Sebus. Menschen wie er standen für ein „anderes Deutschland". Doch in der Nachkriegszeit hatte man wenig Interesse an solchen Vorbildern. Die

Zu Gast bei der KG Alt-Severin, die zur karnevalistischen Heimat von Edelweißpirat Jean Jülich wurde.

Berichte waren unerwünscht, weil sie anderen zeigten, dass es doch Möglichkeiten gab, etwas zu tun – wenn auch in bescheidenen Rahmen. „Man konnte an solchen Beispielen sehen, dass man dem ein oder anderen hätte helfen können", meint Ludwig Sebus über das Verhalten seines Vaters. Hätte man das Handeln Einzelner herausgestellt, wäre der Unterschied zur Mehrheit der Bevölkerung deutlich geworden und so der Mythos von den angeblich so widerspenstigen Kölnern, die es Hitler so schwer gemacht haben sollten, schnell zusammengebrochen. Taten wie die von Ludwigs Vater passten nach dem Krieg nicht in die allgemeine Stimmungslage, in der das Mitmachen und Mitlaufen während der Nazizeit als völlig normal dargestellt wurde. Es hat lange gedauert, bis Taten der „Stillen Helden" Beachtung fanden. Ihr Wirken und die Frage, was sie motivierte, ist nie wissenschaftlich aufgearbeitet worden. Man weiß, dass es keine Massenbewegung mutiger Kölner gab, die bereit waren, etwas zu riskieren. Im

Verhältnis zur Zahl der Täter, Mitläufer oder derer, die resignierten, ist ihre Zahl klein. Aber doch: Viele Juden mögen durch diese Hilfe überlebt haben.

Das Thema war unerwünscht, weil es für die meisten ziemlich unangenehm geworden wäre. Die naheliegenden Konflikte in der Stadtgesellschaft wurden wie im Rest der jungen Republik bis zum Ende der 60er Jahre nicht ausgetragen. Der offizielle Karneval hielt das noch länger durch. Anstatt sich der jüngsten Vergangenheit zu stellen, flüchtete man in die Konventionen der Vorkriegszeit und knüpfte an vermeintlich Unverfängliches an. Im Rückblick erstaunt, dass Standesdenken und Schichtzugehörigkeiten in den Trümmern überlebt hatten, obwohl doch in den 40er Jahren faktisch alle in ähnlicher Weise von Not und Elend betroffen gewesen waren. Auch nach der Währungsreform waren immer noch viele Menschen in Notunterkünften und Provisorien untergebracht. Familien hausten auf engstem Raum zusammen. Der Wohlstand der meisten blieb noch lang ein sehr bescheidener. Doch das spielte in den Köpfen offenbar keine Rolle. So war auch die Sehnsucht groß, schnell das bürgerliche Leben mit möglichst vielen gesellschaftlichen Anlässen zu reaktivieren. Dazu gehörte der Saalkarneval, der in Ermangelung von Sälen allerlei Provisorien für den Übergang entdeckte, darunter das riesige Winterquartier der Zirkusfamilie Williams am Rand der westlichen Innenstadt an der Aachener Straße. Es war bereits 1947 als halbfester Bau für weit über 2000 Zuschauer eingeweiht worden. Weil die Beschaffung von Baumaterial schwierig war, soll es zu ungewöhnlichen, aber für die Zeit doch typischen Geschäften gekommen sein. Der Zirkus tauschte den als Dünger geschätzten Elefantenmist gegen Baustoffe.

Der Sitzungskarneval war ein gesellschaftliches Ereignis und weitgehend Männersache. Wenn die Herren nicht unter sich bleiben wollten, nannten sie ihre Veranstaltungen „Sitzungen mit Damen“. „Wenn es hoch kam, hatten die Lück en Mötz oder en Kapp an“, so Sebus im Rückblick auf den Karneval nach dem Krieg. „Die Leute kamen in würdiger Kleidung, in Smoking und Frack, so als wenn sie in die Oper gingen. Die Damen kamen in Roben. ‚Die Hände zum Himmel‘ jov et nit. Es ist nicht verkehrt, den Karneval der Zeit als etwas spießig und verkrustet zu bezeichnen.“ Auf der Bühne wechselten sich Sänger und Redner ab. Die Einzigen, die ab und zu für über das Schunkeln hinausgehende Bewegungen im Saal sorgten, waren die Funken-Korps, die zum Tanz und Exerzieren auf die Bühnen zogen.

Im Vergleich zu dieser eher steifen, von Konventionen geprägten Angelegenheit kann man die Kajuja durchaus als „alternativen Karneval" bezeichnen, auch wenn sie sich nie als Kritik am offiziellen Karneval verstand und immer unpolitisch blieb. Aber es ging doch deutlich lockerer zu, so Sebus. Auf der Bühne standen junge Leute, und auch für den ehrwürdigen Präsidentenjob musste man noch nicht ergraut sein. Nach dem Krieg waren Reinhard Angenendt, der nun Stadtjugendpfarrer war, und Stadtjugendführer Rudi Conin durch die Pfarreien getingelt, wo wieder Karneval gefeiert wurde. Sie suchten Talente, die man auf einer großen Bühne präsentieren konnte. Ludwigs alter Kumpel, Heinz Helmut Simon, wurde 1953 Kajuja-Präsident. Viele andere stießen dazu, die dann aus diesem „Mistbeet" heraus, wie Rudi Conin die Kajuja im Rückblick nannte, Karriere im offiziellen Karneval machten. „Große Verdienste" habe sich der katholische Fastelovend in diesen Jahren erworben, lobt Sebus. Er erinnert sich an die Auftritte von Tanzgruppen wie den Neppeser Schefferjunge, die sich in einer Pfarrei in Nippes gegründet hatten, oder der „Schusterjungen". Solche Programmpunkte waren bei den Sitzungen der großen Karnevalsgesellschaft noch eher selten.

Kajuja-Veranstaltungen hatten etwas von einem Familientreffen. So verwundert es nicht, dass Sebus Verbundenheit zur Kajuja deutlich stärker ausfiel als zu den „Muuzemändelcher". Im Verein der arrivierten Karnevalisten mitmachen zu dürfen, war eine Ehre und ein hilfreiches „Qualitätsprädikat", das viele Buchungen sicherte. Doch sein Herz schlug immer eher bei der Kajuja, mit der er eng verbunden blieb. Mitgliedern der „Muuze" war die Präsentation eines neuen Programms bei Vorstellabenden anderer Karnevalistenvereinigungen eigentlich untersagt. Einige Mitglieder hätten versucht, ihm die Auftritte bei der Kajuja zu verbieten, sagt Sebus. Wenn es so weit gekommen wäre, hätte er sich für den Karneval der katholischen Jugend und gegen die arrivierten „Muuzemändelcher" entschieden.

Was die Kajuja machte, war frisch und manchmal mutig. Und wie es sich für ein alternatives Format gehörte, gab es manchen Konflikt mit mächtigen Instanzen: Die älteren Akteure im offiziellen Karneval beobachteten das Treiben lange mit Argusaugen. Die Arbeitsgemeinschaft Jugendschutz der Landesregierung machte sich Sorgen über möglichen Alkoholgenuss im Publikum. Die Kirchenoberen störten sich daran, dass Katholiken mit Protestanten gemeinsam feierten, und die strengen Wächter der GEMA erzwangen einen Gerichtsprozess, in dem über nicht gezahlte Abgaben und die angebliche Überfüllung eines Festsaals verhandelt wurde. Doch wenn es um Politik ging, war man auch in den Kreisen der Kajuja zurückhaltend. Die Kölnische Rundschau bescheinigte dem katholischen Karneval eine „unbeschwerte, idealgesinnte Jugendfröhlichkeit", der Kölner Stadt-Anzeiger berichtete von „reiner Freude" und dem „guten Dreiklang von Jugend, Rhein und Karneval". Auf der Bühne drehten sich fast alle Beiträge um Themen, von denen man unmittelbar betroffen war. Man nahm sich selbst auf die Schippe. Die größten Lacher erzielten die Akteure mit Witzen über anwesende Personen. Es blieb bei ein paar Seitenhieben auf die katholische Prüderie oder die kommunale Jugendpolitik, erinnerten sich die Kajuja-Gründungsväter Friedel Weber und der 1999 verstorbene Rudi Conin in einem Beitrag über die Anfänge der Kajuja.

Nach einem Auftritt in Rodenkirchen 1953.

Die Karnevalisten auf der Bühne und ihr Publikum – egal ob in Frack und Robe oder etwas weniger steif bei der Kajuja – schauten mit Optimismus nach vorne und nicht in die düstere Vergangenheit zurück. Man brauchte keine lähmenden, selbstzerstörerischen Reflektionen über Schuld und Verantwortung, sondern Kraft und Mut für den Wiederaufbau. „No gilt et uns, et schleit de Stund, wo mer för Kölle strevve", heißt es in der dritten Strophe von „Jede Stein en Kölle". Es gilt anzupacken, für Köln zu streben. Ludwig Sebus traf nicht nur mit dem selbst geschriebenen Text seines ersten Hits das damalige Lebensgefühl der Kölner. Auch das musikalische Arrangement kam dem Bedürfnis nach Aufbruch entgegen. Das Lied ist keine getragene Hymne wie Ostermanns „Heimweh nach Köln", sondern ein fröhlicher Schunkelwalzer. Es ist eben nicht egal, wie man sich den Herausforderungen, die vor einem liegen, nähert. Sebus schlug vor, es gut gelaunt zu tun.

Die besungenen „Quadermänner", die aufeinandergesetzt werden und in hundert Jahren von Vater und Sohn mit Respekt schweigend bestaunt werden, sind ein ganz starkes Symbol für die Zeit. Trümmersteine waren ohne großes Werkzeug von Kölnern weggeräumt und danach nicht selten für den Bau von Neuem genutzt worden. Die Steine, mit denen Gebäude errichtet wurden, zeugten von einer jahrtausendealten Geschichte von den Römern über die romanischen Kirchen des Mittelalters bis zu den neuen Gebäuden einer neuen modernen Architektur. Aus Steinen wurden neue Wohnungen für Zehntausende sowie Industriekomplexe und Kaufhäuser, die für Wohlstand sorgen sollten. Auch wenn überall noch Trümmer lagen, waren Mitte der 1950er zahlreiche repräsentative Bauten wieder errichtet und viel Neues gebaut worden. Der Gürzenich sowie die Museen und Theater lockten Besucher, über die neue Innere Kanalstraße und die wiederaufgebauten Rheinbrücken rollte der Verkehr, am Wallraffplatz stand ein schmuckes neues Funkhaus. Dort, wo die Fliegerbomben Altes zerstört hatten, wuchsen moderne Büro- und Wohngebäude in die Höhe. Jeder Stein bezeugt Mut, Treue, Kunst, Fleiß, Glück, Bedauern, Herrengunst und Bürgerstolz, sang Sebus. Und das Wichtigste ist: Erst wenn sich das Gebaute mit denen verbindet, die es nutzen, entsteht eine Gemeinschaft, die jeden aufnimmt, der mit anpackt. Dann zeugt nicht nur jeder Stein von „Ruhm un Ehr", sondern wird zum „Stöck vun der".

Jede Stein en Kölle (1955)

Text & Musik: Ludwig Sebus, Ted Borgh; Verlag: Papagayo Musikverlage

(Textabdruck mit freundlicher Genehmigung)

Jede Stein en Kölle eß e Stöck vun deer,
jede Stein en Kölle zeug vun Ruhm un Ehr.
Mag einer laache un meint, dat wör gestrunz,
en jedem Stein vun Kölle läv e Stöck vun uns.

Als kleiner Quos, do nohm mich off d'r Vatter bei dem Hängche.
Un maht met meer, für sie Pläseer, su durch de Stadt e Gängche.
Vör mänchem Hüs'che blevv hä stonn, vör Kirche un Kapelle,
belorten sich faß jede Stein un dät m'r dann verzälle:

Jede Stein en Kölle ...

Wann einer meint, stomm wöre Stein, dä kann nit richtig höre.
Ne Quadermann och schwade kann, m'r muß et nor verspöre.
Vun Mot un Treu, vun Kuns un Fließ, vum Glöck un vum Bedore,
vun Häreguns un Börgerstolz ne Stein sprich, dot nor lore!

Jede Stein en Kölle ...

No gilt et uns, et schielt de Stund, wo mer för Kölle strevve,
ze baue uns e Denkmol op vör die, die noh uns levve.
En Hunderte vun Johre dann, wann Quös me'm Vatter luusche,
dann sin et Stein, die mer gesatz, die dann uns Größ ustuusche.

Jede Stein en Kölle ...

Hörprobe „Jede Stein ..." ➜

Hück trööte mer die ganze Naach (1954)

Text & Musik: Ludwig Sebus; Verlag: Manuskript (unveröffentlicht)

Hück trööte mer die ganze Naach – rätätätä rätätätä
Bes morje fröh et Sönnche laach – rätätätä rätätätä
Kein Noteblädder bruche mer
Uns Note sin Schabau un Bier
Hück trööte mer die ganze Naach – rätätätä
Bes morje fröh et Sönnche laach

Kölsch Penicillin (1954)

Text & Musik: Ludwig Sebus; Verlag: Manuskript (unveröffentlicht)

Ne echte kölsche Wetz vum Tünnes un Schäl
eß Balsam för et Hätz do jeihs nit fäl
denn su en Millezing loss nor nit stonn
die nemmp d'r Sorg un Ping
do bruchs nit nom Doktor zo gon

Als Gott noch die Unzucht strafte

Familiengründung in Zeiten der Doppelmoral

„Fräulein, entschuldigen Sie, können Sie mir mal 30 Pfennig leihen? Sie bekommen sie morgen wieder." Er habe sich irgendetwas ausdenken müssen, um mit der hübschen Frau mit dunklen Haaren, einem „graziösen Gang" und „adretter Art" ins Gespräch zu kommen, erinnert sich Ludwig Sebus an den ersten Kontakt mit Liselotte Steinhaus im Jahr 1953. Mit Romantik hatte das wenig zu tun, damals in der Linie 12 auf dem Weg nach Niehl. „Ein flotter Typ" sei sie gewesen, und er habe sich einen „Trick" überlegen müssen, wie er mit ihr ins Gespräch kommen könnte. Beide hatten den gleichen Weg zur Arbeit. Ludwig Sebus konnte nach seiner Rückkehr aus der Gefangenschaft gleich wieder bei der Lanz AG anfangen. Liselotte Steinhaus arbeitete als Bilanzbuchhalterin in einem Aluminiumwalzwerk, das gleich neben dem Landmaschinenhersteller seinen Sitz hatte. Die 29-Jährige lieh ihm tatsächlich das Geld für den Fahrschein. „Ich bin mir nie sicher gewesen, ob sie die 30 Pfennig jemals wiederbekommen hat", sagt Sebus im Rückblick. „Aber die Investition hat sich gelohnt."

Liselotte „Lilo" Steinhaus.

66 Jahre blieben Ludwig und Lilo ein Paar, bis sie im April 2019 starb. In der ihm eigenen Ausdrucksweise beschreibt Sebus, was er an der ein

Jahr älteren Lilo schätzte: „Die Frau war mir in allen Richtungen immer zugetan. Sie war das, was ich brauchte." Dessen war er sich offenbar schon recht früh sicher, denn die Beziehung hatte es am Anfang keineswegs leicht. Es gab Widerstände aus der Familie und dem Freundeskreis. Ludwig hatte sich in eine Frau verliebt, die bereits Mutter einer Tochter war. 1947 hatte sie Monika auf die Welt gebracht. Das Kind wuchs ohne Vater auf. Eine alleinerziehende Frau mit einem unehelichen Kind, die ihren Lebensunterhalt selbst verdiente – das war in den bigotten 50er Jahren alles andere als eine Selbstverständlichkeit. „Woröm deihs do dir dat ahn?", sei er „von allen Seiten" gefragt worden, erinnert sich Ludwig Sebus. Das klingt nach einer pragmatischen Frage. Tatsächlich ging es um Grundsätzliches. Natürlich war das Land voller alleinerziehender Kriegswitwen. Eine Mutter und ein Kind, die nicht auf den Tod des Erzeugers im Krieg verweisen konnten, hatten jedoch einen äußerst schweren Stand in dieser Zeit. In Sorge, Ludwig hätte ähnliche Vorbehalte haben können, stellte ihm Lilo ihre Tochter zunächst einmal als kleine Schwester vor.

„Meine Mutter ist oft verletzt worden", ist sich Monika Rück sicher. „Das war für uns damals nicht einfach." Liselotte Steinhaus hielt die Anfeindungen von ihrer Tochter fern. Doch dass viele die Nase rümpften und schlecht über die Mutter sprachen, habe sie doch gespürt. Die beiden wohnten zusammen mit den Großeltern in Riehl in einer Siedlung, die für Postbeamte gebaut worden war – „alles gute Katholiken". Beim Elternsprechtag in der Schule musste sich Lilo anhören, dass an Monikas Problemen mit einem Deutschlehrer sicherlich ihre Berufstätigkeit schuld sei. 1950 bis 1952 litt das Kind unter Kinderlähmung und konnte lange nicht laufen. „Das wurde als gerechte Strafe Gottes angesehen."

Aus heutiger Sicht ist nur schwer vorstellbar, was im „Hellige Kölle" und im Adenauerdeutschland der Nachkriegsjahre selbstverständlich war. Zwar hatte man die Gleichberechtigung von Mann und Frau ins Grundgesetz geschrieben, doch in der Praxis von Alltag und Rechtsprechung hatte das vorerst keine großen Folgen. Die Rolle und Stellung der Frau definierte sich vor allem über den Ehemann. Bis 1958 stand ihm das Gesetz „die Entscheidung in allen das gemeinschaftliche eheliche Leben betreffende Angelegenheiten" zu. Er konnte seiner Ehefrau die Erwerbstätigkeit oder ein eigenes Konto verbieten. Auch das von den Nationalsozialisten festgeschriebene strikte Verbot von Schwangerschaftsabbrüchen galt weiter. Autoritäre Normen und konservative Moralvorstellungen beherrschten das familiäre wie das öffentliche Leben. Eine wahre Flut an Benimmbüchern für Kinder und „gute Hausfrauen“ überschwemmte den Büchermarkt. Den Unsicherheiten und Ungewissheiten der Nachkriegszeit begegnete man mit dem Wunsch nach Ruhe und stabilen Normen. „Keine Experimente“ ist nicht nur ein CDU-Wahlkampfslogan, sondern die Idee der Nachkriegsgesellschaft – erst recht im katholischen Köln, wo die Kirche weiterhin über unglaublich viel Macht und Einfluss verfügte.

1951 kam es vor Kölner Kinos zu Tumulten, weil drinnen „Die Sünderin“ mit Hildegard Knef aufgeführt wurde. Katholische Organisationen hatten bundesweit mobil gemacht, der Kölner Kardinal Joseph Frings in einem Hirtenbrief „eine mächtige Phalanx“ und „Selbsthilfe“ eingefordert. Man protestierte gegen den „Faustschlag ins Gesicht jeder anständigen Frau“, wie es in einem Flugblatt gegen den Film hieß. Knef war in dem Film ein paar Sekunden aus einer Distanz nackt zu sehen. Das allein hätte schon für Aufregung gesorgt. Zum Skandal wurde der Film in den Augen der Tugendwächter aber vor allem, weil er an Tabus wie Prostitution, Sterbehilfe und Suizid rüttelte. Köln war ein Zentrum des Protestes. Offensichtlich gewaltbereite Mitglieder katholischer Organisationen versuchten, in das Kino „Schwerthof“ einzudringen, um die Aufführung zu verhindern. Die Polizei musste das Kino und sein Personal schützen. Als später Fans des Films bei einer Gegendemonstration aufliefen, kam es zu Prügeleien. Außerehelicher Geschlechtsverkehr galt als Unzucht. Eltern, die so etwas nicht verboten, konnten wegen „Kuppelei“ bestraft werden. „Die sittliche Ordnung“ verlange, dass „sich der Verkehr der Geschlechter in der Ehe vollzieht“, hieß es 1954 in einem Urteil des Bundesgerichtshofs. Er hatte das Vergehen von Eltern verhandelt, die in ihrer Wohnung die 18-jährige Tochter mit ihrem Verlobten übernachten ließen. „Die unbedingte Geltung der ethischen Norm lässt keine Ausnahme zu“, so das Urteil weiter. Und wie fand es Ludwig Sebus, dass seine zukünftige Frau keine Jungfrau mehr war? „Das war mir vollkommen egal.“

Sein Umfeld sah das weniger entspannt. In diesen Zeiten Heiratspläne mit einer alleinerziehenden Mutter zu schmieden, war keine Selbstverständlichkeit. „Das war eine harte Sache, aber ich konnte mich durchsetzen", erinnert er sich an Auseinandersetzungen mit Widerständen in seinem Umfeld. Unter Freunden und in der Familie habe es kritische Stimmen gegeben. Den Einwänden habe er immer wieder entgegnet, „dass ich es trotzdem mache. Auch bei meinen Eltern hat es gedauert, bis ich sie überzeugen konnte." 1957 wurde standesamtlich geheiratet, ein Jahr später kirchlich.

Auch in der Kirchenhierarchie gab es Menschen, die bereit waren, die Dinge anders zu sehen. Im „Brautunterricht" in der Riehler Pfarrei St. Engelbert hatte das Paar mit einem Priester zu tun, der ihnen Respekt entgegenbrachte, anstatt mit dem moralischen Zeigefinger zu tadeln. Pastor war Jacob Clemens, der mit dem Kölner Kardinal Josef Frings befreundet war. Er sei ihnen sehr wohlwollend begegnet, meint Sebus. Mit einem unehelichen Kind habe Lilo sicher viel mitmachen müssen, so der Pfarrer. Das Paar entschied sich für eine kirchliche Hochzeit im kleinen Kreis. „Wir wollten kein großes Aufsehen, kein großes Trara – un dat Jeld wor och noch nit esu dick vorhande." Die Hochzeitskarten an Freunde und entferntere Verwandte wurden erst nach der Trauung verschickt, bei der nur die Eltern, Lilos Tochter Monika, ein Cousin Lilos mit Ehefrau und Tochter sowie Ludwigs Schwester dabei waren. Köbes Sebus und die Schwiegermutter seien die Trauzeugen gewesen. Geheiratet wurde nicht in Riehl, sondern in Refrath. Ludwig Sebus hatte bei einer Tour im Bergischen für seine Firma durch Zufall Pfarrer Gottfried Amberg wiedergetroffen. Sie kannten sich aus der katholischen Jugendarbeit während der NS-Zeit und den Treffen

Lilo und Ludwig nach ihrer kirchlichen Trauung, daneben Schwester Hella, davor Lilos Tochter Monika und die Tochter eines Cousins von Lilo.

Hochzeit im kleinen Kreis: Margret Conrad (eine angeheiratete Cousine von Lilo), Lilos Mutter Maria, Hella Sebus, Ludwigs Mutter Maria, Lilos Cousin Max Conrad, Juliane Conrad (Tochter von Lilos Cousin), Pfarrer Gottfried Amberg, Tochter Monika, Lilo und Ludwig, Ludwigs Vater Köbes (v.l.n.r.). Nicht auf dem Bild ist Lilos Vater Wilhelm Steinhaus.

im „Haus Büchel". Amberg war als junger Priester mit Kelch und Messgewand im Rucksack mit ins Bergische gefahren, um dort mit den Jugendlichen die Heilige Messe zu feiern. Die Chronik von Bernhard Linnekohl vermerkt solche geheimen Gottesdienste bis ins Jahr 1942. Nun erklärte sich Amberg – mittlerweile Pastor in der Pfarrei St. Maria Königin in Refrath – bereit, dem jungen Glück den kirchlichen Segen zu geben.

Monika, die elf Jahre ohne Vater gelebt hatte, bekam mit der Hochzeit den Familiennamen „Sebus". „Ziemlich pikiert und abschätzig" habe ihre Lehrerin den Mitschülern mitgeteilt, dass sie einen neuen Namen habe. Dass Ludwig die neue Rolle annehmen wollte, sei immer klar gewesen. Und so zog der frisch gebackene Vater einer elfjährigen Tochter mit ins Haus der Großeltern am Riehler Gürtel in eine viel zu kleine Wohnung. Die junge Familie bekam ein gemeinsames Zimmer, die Küche und das Wohnzimmer wurden mit Lilos Eltern geteilt. Als 1960 Sohn Michael geboren wurde, lebten sie gar für einige Zeit zu viert in diesen beengten

Lilo Sebus mit den Kindern Jeannette, Michael und Ulla (v.l.n.r.).

Verhältnissen, bis das eigene Haus in Ossendorf fertig gebaut war. Doch auch da war zunächst der Platz knapp, weil man sich das Haus in den ersten Jahren mit einer zweiten Familie teilen musste. 1962 wurden Tochter Jeannette und 1964 Tochter Ulla geboren.

Die Eheleute entschieden sich für das klassische Rollenmodell. Der Vater verdiente das Geld, die Mutter kümmerte sich um die Erziehung der Kinder. „Im Nachhinein wundert man sich darüber, dass sie sich so zurückgenommen hat", sagt Tochter Jeannette Sebus. Liselotte war schließlich bis 1960 eine berufstätige, „taffe" Frau, die sich jahrelang in schwierigen Zeiten als Alleinerziehende durchgeschlagen hatte. Mit drei kleinen Kindern viel allein zu sein, sei ihre Sache eigentlich nicht gewesen. Vielleicht ist so die Strenge zu erklären, von der die Töchter sprechen. Der ältere Bruder Michael sieht es etwas pragmatischer: Das Tagespensum mit drei Kindern sei „nur mit einem strengen Regiment zu schaffen" gewesen.

Lilos Wort galt. Das war für Ludwig klar. „Eltern müssen mit einer Sprache sprechen", sagt Sebus. Da könne nicht derjenige, der nur ab und zu für die Kinder da war, der anderen in den Rücken fallen. Er glaubt, dass es ohne Disziplin und „eine gewisse Härte" nicht geht. Von antiautoritärer Erziehung hielt er nichts. Klare Regeln und Konsequenz, wenn diese nicht eingehalten werden, seien nötig. Ein gerechter Papa wollte er sein. Und wenn es mal Krach gab, musste eine schnelle Versöhnung sein. Sonst hätte er nicht schlafen können. Die Mutter hielt da schon mal länger durch, erinnern sich die Töchter. Ein mit Stubenarrest verbundener Liebesentzug konnte lange andauern, so Ulla Sebus-Derow. Sie seien „sehr konservativ" erzogen worden. Neben Strenge und dem Achten aufs richtige Benehmen bedeutete das aber gleichzeitig die Vermittlung von Achtung und Respekt für jeden Mitmenschen. „Nicht egoistisch sein, den Nächsten immer im Blick behalten", waren wichtige Erziehungsziele, so Sebus-Derow. „Und wir haben gelernt, dass alle Menschen gleich sind – egal ob man mit einem prominenten Spitzenpolitiker oder einem Obdachlosen zu tun hatte."

„Besonders präsent" sei der Vater nicht gewesen, sind sich die Kinder einig. „Er hat mir schon sehr gefehlt", erinnert sich Jeannette. Der Beruf verlangte, dass er viel unterwegs sein musste. Im Außendienst war er oft tagelang nicht zuhause. Das Büro war in Mannheim, wo er auch übernachtete. Am Wochenende musste nicht selten am heimischen Schreibtisch weitergearbeitet werden. Und in der Karnevalszeit kamen die Auftritte in den Sitzungssälen dazu. Nach der Session brauchte der Vater eine Erholungspause und fuhr alleine weg. Aus dem Urlaub brachte er neue Liedideen mit, die dann zunächst der Familie am sonntäglichen Mittagstisch präsentiert wurden. Für aufwendige oder weit entfernte Familienurlaube war keine Zeit. Ab 1967 ging es im Sommer in den Familienurlaub nach Texel, später dann auf einen näher gelegenen Bauernhof in die Eifel. Die

Lilo und Ludwig Sebus.

Das Familienbild aus dem Jahr 1985 mit den Töchtern Jeannette, Monika und Ulla (v.l.n.r.) wurde als Gruß an den Sohn geschickt, der sich in Weihenstephan zum Diplom-Braumeister ausbilden ließ.

Familie verreiste mit zwei Autos, weil der Vater am Wochenende immer wieder mal zu einem Auftritt zurückfuhr. Konnte er nicht abschalten? Der Sohn meint: „Er konnte nicht ‚Nein' sagen, wenn ihn jemand um einen Auftritt bat."

Auch die Prominenz des Vaters hatte weitreichende Folgen für die Familie. Wenn sie zusammen Ausflüge machten, sei man nur sehr schleppend vorangekommen, weil immer wieder irgendwer den Vater angesprochen habe, erinnern sich die Kinder. Und weil der Vater ein freundlicher Mann war, hatte er für jeden ein paar Worte übrig. Einen allerorts bekannten Vater zu haben, gefällt Kindern, kann aber ebenso schon mal ganz schön nervig sein. „Aufregend" sei das gewesen, sagt Monika, „aber als ich älter wurde, war es auch belastend". Der Vater sei immer präsent gewesen, sogar wenn er gar nicht anwesend war. „Dann musste man schöne Grüße ausrichten."

„Man hatte den Vater nie für sich alleine", sagt Jeannette. „Man kam meistens nicht dahin, wo man ankommen wollte." Für den 900 Meter langen Weg zum Sonntagsgottesdienst wurde eine halbe Stunde eingeplant. „Und zu spät sind wir trotzdem gekommen." Was beim Kirchgang für die Kinder noch weniger dramatisch war, konnte bei anderen Anlässen schwierig werden. So zog sich auch der Weg zum Spielplatz. Und wenn man dann angekommen war, war nicht mehr allzu viel Zeit zum Spielen, erinnert sich Schwester Ulla. Prominenz und Freundlichkeit konnten sogar Einfluss auf die Ernährung der Familie haben. Wenn Lilo ihren Mann zum „Strohhut“, jenem legendären Imbiss am Ehrenfeldgürtel, schickte, damit er da Reibekuchen kaufte, konnte das zu einer langwierigen Angelegenheit werden. So musste ein Kind als Begleitung mitgehen, um den Papa immer wieder daran zu erinnern, dass die Familie Hunger hatte.

Michael Sebus kann von einer anderen bezeichnenden Kindheitserinnerung erählen: Der Vater war nicht nur Mitinitiator, sondern auch Moderator des Siedlerfestes in Ossendorf. Stolz kann der Sohn davon berichten, wie die Menschen den Vater für das liebten, was er brillant und höchst unterhaltsam am Mikrofon tat. Aber er kann genauso erzählen, dass er beim wichtigen Fußballspiel „Väter gegen Söhne“ nicht mitspielen konnte, weil sein Vater das Spiel von der Seitenlinie aus moderieren wollte.

Ein seltenes Bild: Das Ehepaar steht gemeinsam auf einer Karnevalsbühne. Lilo hat ihren Mann 1965 bei der Sitzung des Kirchenchors der Pfarrei St. Josef überrascht und ihn zusammen mit allen Kindern bei der Arbeit besucht.

Der Alltag der Familie Sebus ruhte auf den Schultern von Lilo. Sie sorgte für „Haus und Hof“, während Ludwig unterwegs war, wie es im Nachruf zu ihrem Trauergottesdienst hieß. Sie kümmerte sich um die schulischen Angelegenheiten der Kinder, engagierte sich in den Elternvertretungen und in der katholischen Pfarrei St. Rochus. Wenn der Vater für die Kinder da war, war das etwas Besonderes, auf das sich die Töchter und der Sohn freuten. Am Wochenende ging es dann „immer sehr komprimiert zur Sache“, so Michael Sebus – auch das war für die Mutter wohl nicht immer einfach. Als die Kinder älter wurden, konnten sie ihren Vater immer wieder mal bei Auftritten begleiten – sie verteilten Mitsingzettel in Sitzungssälen, ein paar Mal standen sie mit auf der Bühne, und als sie den Führerschein gemacht hatten, fuhren sie den Vater von Auftritt zu Auftritt. Ludwig Sebus ließ sie als Zuschauer, Helfer oder als unfreiwillige Aufpasser teilhaben. Ulla berichtet, wie sie sich schon mal zwischen weibliche Fans und ihren Vater werfen musste, um unerwünschte Umarmungen und Küsse abzuwehren.

Der höfliche Charmeur wusste immer um seine Wirkung bei den Frauen. Über „einen Mangel an Zuwendung" musste er sich nie beklagen, wie er sagt. „Ich wusste jedoch immer, wo die Grenze ist." Ein Kavalier weiß, wie man flirtet. Er müsse aber auch wissen, „wie man elegant den Rückzug antritt. Wenn du eine Frau vom Hals haben willst, musst du das elegant machen." So habe ihm mal eine junge, schöne und noch dazu reiche Witwe ein interessantes Angebot gemacht. „Doch ich habe immer ein paar Jahre weiter gedacht." Es gab Wichtigeres, das er nicht riskieren wollte. „Ich hing an meiner Familie." Die Kinder bescheinigen ihm, ein „totaler Familienmensch" zu sein. Der Zusammenhalt wurde immer gepflegt, egal wie groß die verschworene Gemeinschaft wurde. Als 94-Jähriger hat er neun Enkel und acht Urenkel. Zwei Großfamilientreffs pro Jahr sind Pflicht.

Seiner Lilo ist Ludwig Sebus treu geblieben, auch nachdem sich ihr Leben ab 1994 radikal veränderte. Nun musste der Mann zum Rückgrat der Familie werden. Nach drei Herzinfarkten gaben die Ärzte Lilo nur noch geringe Chancen. Nach Wochen auf der Intensivstation in der Universitätsklinik in Tübingen wurde sie „zum Sterben" zurück nach Köln gebracht. Sie erholte sich. Noch zwei Jahre habe sie das Leben ausgekostet, heißt es im Nachruf. Dann erlitt die „starke Frau", „der Lebensanker der Familie", auf einer Tour des „Ludwig Sebus Fanclub" in Freiburg einen Schlaganfall. Danach war sie halbseitig gelähmt und auf einen Rollstuhl angewiesen. Lilo Sebus wurde zum Pflegefall, aber für Ludwig war klar, dass sie in keinem Fall in ein Heim kommen durfte. Außerhalb des Hauses wäre sie zugrunde gegangen, war er sich sicher. So wuchs die Familie noch stärker zusammen. Über 22 Jahre organisierte Ludwig die Pflege und Begleitung seiner Frau, die er weiterhin in den Alltag einband. So lange es ging, nahm er sie mit zu ausgewählten Terminen und schob sie im Rollstuhl in Säle und Lokale. Mit Hilfe von Inge Hellwig, die beide aus dem „Ludwig Sebus Fanclub“ kannten, konnte die häusliche Pflege bis zu ihrem Tod fortgeführt werden. Am Ende wollte Lilo Sebus nicht mehr. Sie verweigerte das Essen und Trinken. Nach einem kurzen Krankenhausaufenthalt holten ihr Mann und ihre vier Kinder sie zum Sterben nachhause. Sie starb mit 94 Jahren im Kreis ihrer Familie.

Im Rückblick auf das Familienleben sagt der stets vielbeschäftigte Mann nicht, dass er bereut, zu wenig Zeit für die Kinder und seine Frau gehabt zu haben. Manchmal habe er „Bedenken“ gehabt. Aber damit sei er klargekommen, weil die Zeit, die er mit den Kindern verbracht habe, dann immer eine „sehr intensive“ war. Die Alternative wäre gewesen, den Beruf aufzugeben und wie andere vom Karneval und dem Unterhaltungsgeschäft zu leben. Doch der Kaufmann schätzte die wirtschaftliche Unabhängigkeit vom kölschen Showgeschäft. Bis 1969 arbeitete er als Regionalverkäufer bei der Firma, in der er vor dem Krieg ausgebildet worden war. Die Lanz AG war zwischenzeitlich von der Firma Deere & Company übernommen worden. Dann wechselte er zur Firma Grothen, die für die Großchemie Stahlbehälter baute. Ludwig Sebus wollte kein Berufskarnevalist werden, um sich immer aussuchen zu können, wo er auftritt, und um sich nicht allzu sehr verbiegen zu müssen. Seltsame TV-Zeugnisse, wie sie von anderen Größen der Stadt überliefert sind, hat Ludwig Sebus der Youtube-Nachwelt erspart. Die staunt über Willy Millowitsch vor handgemalten Kulissen in der „Superhitparade der Volksmusik“ oder über Jupp Schmitz mit Suppentopf und Kochmütze, der zum Vollplayback im „Blauen Bock“ den Mund bewegte und schließlich im gleichen Outfit mit seltsamen, schunkelnden Gestalten „Deutschlands Ehre“, den „wunderschönen deutschen Rhein“, besang. Auch Sebus-Videos kann man sich im Netz anschauen. Die alten Aufnahmen sind lustig, doch lächerlich macht er sich nie: Man sieht ihn in besten Jahren als Sänger auf Karnevalsbühnen und als rüstigen Zeitzeugen, der mit Herz und Witz für Toleranz und Gemeinsinn sowie für politisches Engagement gegen Fremdenfeindlichkeit wirbt. Das hat eine ganz andere Qualität als der kommerzielle Blödsinn, für den sich andere kaufen ließen.

„Wenn du laachs, kannste keine Krach aanfange"

Ludwig Sebus über das Geheimnis einer langen Ehe, die Familie und die Liebe

Das Allerwichtigste ist: Wenn du abends die Augen zumachst, muss Klarheit herrschen. Es ist nicht gut, Streitigkeiten und ähnliche Dinge mit in den nächsten Tag zu nehmen. Besser ist, alles anzusprechen und dann den Deckel zuzumachen. Ich habe immer wieder festgestellt: Bevör m'r enschlöf, müsse die Saache klor sin.

Meine Frau war nie erkennbar eifersüchtig. So gab es ein großes Feld der Freiheit. Toleranz ist wichtig – und vor allen Dingen die Einstellung, dass jeder mal Fehler macht. Schwierig wird es, wenn du immer auf dein Recht pochst und nie die Einsicht bringst, dass auch Dinge bei dir falsch sein können. Vertrauen ist das A und O. Wenn Misstrauen da ist, gibt es keinen gedeihlichen Boden, keine Bodenständigkeit. Wenn Misstrauen zum ständigen Begleiter wird, ist die Ursache gelegt, dass du dich trennen wirst.

Bei meiner Ehe kam ein weiterer gewisser Faktor hinzu: Ich habe aus religiöser Überzeugung am Altar das Ja-Wort gegeben. Dazu habe ich gestanden – in guten wie in schlechten Tagen.

Ob es einen Unterschied zwischen Liebe und Verliebtsein gibt? Ich glaube schon. Beim Verliebtsein spielen äußere Reize die größere Rolle, bei Liebe geht es um Tiefe. Liebe ist nichts Oberflächliches. Das Verliebtsein kommt immer mal wieder. Auf die Ehe bezogen kann man sagen: Das ist wie bei den Jahreszeiten. Es wechselt vom Frühling in den Sommer, dann langsam in den Herbst und den Winter. Aber auch der Winter hat noch viele schöne Tage. Liebe ist etwas, das mit Vertrauen zusammenhängt und wo die gegenseitige Wertschätzung verankert ist. Man spürt es immer wieder und kann sich sicher sein: Du hast da eine Zuwendung. Du wirst so, wie du bist, als Mensch akzeptiert.

So sehe ich auch die Familie. Das ist der Ort, wo du dich fallen lassen kannst und wieder aufgebaut wirst. Auch hier ist das gegenseitige Vertrauen das Grundprinzip. Wenn kein Vertrauen da ist, nützt dir auch eine große Familie nichts. Vertrauen ist verankert in Wertschätzung. Hier weißt du, dass du geliebt und angenommen wirst, auch wenn du mal Fehler machst. Das kommt nicht von alleine. Dieses Gefühl muss immer wieder vermittelt werden.

Und noch ein Tipp: Der Humor ist eine ganz wichtige lebensbedeutende Sache. Lachen entspannt. Wenn de laachs, kannste keine Krach aanfange.

Dann geh'n wir in die Kellerbar

Ausflüge in die hochdeutsche Schlagerszene

„Von alle Blumen, die am Rheine sprießen, erblühn als Rosen hier die Mägdelein. In bunten Farben lassen sie dich grüßen, wer möchte da nicht Rosenzüchter sein." So textet Ludwig Sebus 1957 in „Rosen am Rhein". Und im Schlager „Der war niemals" heißt es unter anderem „Was kümmert die Zahl leerer Flaschen, wenn du dich vor Lachen biegst. Was hilft dir das Geld in den Taschen, wenn nie du den Griesgram besiegst". Was aus heutiger Sicht recht befremdlich wirkt, lag ganz im Zeitgeist. Sebus knüpft an die große Tradition der Rheinlieder über den Fluss sowie die Weinberge und angeblich überall schönen Mädchen am Ufer an. Außerdem bot die Bundesgartenschau in Köln einen guten Anlass, mit einem Lied zum Großereignis bundesweit auf sich aufmerksam zu machen. Sein damaliger Pianist Willi Haas hatte den ersten Ausflug ins Hochdeutsche vorgeschlagen. Die stadtinterne Konkurrenz um das Mottolied zur Gartenschau verlor er gegen den singenden Kneipenwirt und Büttenredner Willi Breuer, der „in der Stadt des Frohsinns" „Blumen sprechen ließ".

Auf die ersten hochdeutschen Titel folgten viele weitere. Auch wenn er die kölschen Texte als „Herzensangelegenheit" bezeichnet, war er dem hochdeutschen Schlager nicht abgeneigt. So mischte er munter mit, als in den 60er und 70er Jahren der deutsche Markt mit Schallplatten eines ganz besonderen und weitgehend vergessenen Musikgenres regelrecht geflutet wurde. Interpreten trafen sich im Studio, um mit Orchestern und Chören Schlager, Volksmusik und Stimmungslieder aufzunehmen, die dann gerne in endlos lange Medleys mit seltsamen Titeln gepackt wurden.

Ein früher Star dieser Szene, der fleißig goldene Schallplatten sammelte, hieß Will Glahé. Der Akkordeonist und Bandleader aus Wuppertal, der in Köln studierte hatte, versammelte für die Plattenfirma Decca in Hamburg verschiedene Interpreten im Studio, die Volkstümliches zu Big-band-Sounds einsangen. Er war bereits vor dem Krieg als „Polkakönig" bis nach Amerika bekannt, seine „Rosamunde" war ein Welthit. Ludwig Sebus kannte ihn aus Kindheitstagen aus dem Volksempfänger. Nun trafen sich die beiden im Studio. Die Produktionen trugen Titel wie „Je länger, je lieber – 22 närrische Lieder am laufenden Band". Sebus sang „O Heimat, wie bist du so schön" oder „Nichts ist so treu, so treu wie Hühneraugen". Auch Zeilen wie „Heute abend kommt die Schlange, halte die Hose fest" waren möglich. 1963 spielte Sebus mit Glahé und dem Golgowsky-Chor seinen Bierwalzer ein, der zwar in Köln nicht funktionierte, aber in flämischer und französischer Übersetzung in Belgien und Holland zündete und so nach eigenem Bekunden „ein großer finanzieller Erfolg" wurde. Das Schunkelliedchen war ein braves Trinklied für die Wirtschaftswunderzeit, das man mitsingen konnte, ohne sich einen allzu komplizierten Text merken zu müssen: „Eins, zwei, drei und vier, hallo Herr Wirt, wo bleibt das Bier? Wir haben Durst und warten hier. Du aber lässt uns schmachten hier." In den 70er Jahren begleitete das Orchester von Ted Borgh Sebus bei nicht ganz so naheliegenden Reimen: „Die Nixen treten in den Streik, jawohl, ihr Kameraden. Der Rhein sieht wie ein Gammler aus, doch wo soll er sich baden." Der Karneval ließ sich bundesweit prima vermarkten – dann aber zumeist als alle regionalen Unterschiede ignorierender repu-

Links: Will Glahé (2.v.l.) präsentiert neue närrische Lieder mit Carla Grassmann, Franz Weckauf und Ludwig Sebus. Rechts: Karneval à la carte vom „Karnevalsorchester" mit Dietmar Kivel, Carla Grassmann, Will Glahé und Ludwig Sebus.

Erste Autogrammkarten für die bundesweite Vermarktung.

blikweiter Partyspaß für die von Ludwig Sebus 1979 besungene „Kellerbar" – jenes meist fensterlose Refugium mit selbstgezimmerter Theke in deutschen Reihenhäusern der 70er und 80er Jahre. „Und ist die Bar auch noch so klein, uns reicht sie allemal", sangen Menschen zu Bier und Wein im ganzen Land. „Hochdeutsche Lieder brachten was, kölsche nicht", sagt Sebus. „Karneval á la carte", „So verrückt wie wir" oder schlicht „Tsching Bum" hießen die Platten für die heimische Karnevalsfete von „Tante Grete" „auf eigene Gefahr" in der „Kellerbar". „So feiern wir ganz ungeniert dem frühen Morgen zu. Bald werden wir uns wiedersehen, nanu, nanu, nanu!"

Für Ludwig Sebus war das Angebot, bei den bundesweit vermarkteten Schallplattenproduktionen mitzumachen, wichtig, weil er mit seiner kölschen Volkskunst zunächst keine Plattenfirma fand. Der in Köln damals dominante Gerig Verlag mit seinem mächtigen Produktionsleiter und späteren „künstlerischen Direktor" Heinz Korn hatte die Altstars der Kölner Szene im Programm. „Der war satt", so Sebus. Als gebürtiger Düsseldorfer habe Korn, der selbst hunderte Schlager schrieb, auch großen Anteil daran gehabt, dass immer mehr Hochdeutsches aus der Landeshauptstadt in Köln zu hören war. Um als junger Künstler – noch dazu mit kölschen Texten – vorzukommen, sei man auf den Nordwestdeutschen Rundfunk bzw. ab 1956 den WDR angewiesen gewesen. Dort wurden jedes Jahr zehn bis zwölf Titel mit Interpreten produziert, die keinen Plattenvertrag hatten. Das war besser als nichts, aber doch nicht vergleichbar mit der Präsenz derer, deren Lieder man in Plattenläden kaufen konnte. So tat sich für Sebus eine große Chance auf, als er zu Glahé ins Studio konnte. Auch das hatte Korn vermittelt.

Die Aufnahmen in Hamburg machten Sebus viel Spaß. Da traf man immer „en janze Hääd Lück“, darunter Caterina Valente, Freddy Quinn und andere Stars der Schlagerszene. Häufig dabei, wenn mit Glahé produziert wurde, war neben Franz Weckauf („Sauerbraten nach Husarenart“) die Sängerin Carla Grassman, die sich unter anderem mit den Zeilen „Ich bin nicht die Venus von Milo, ich bin jetzt die Venus mit Kilo“ in die Musikgeschichte einzuschreiben versuchte. „Jenau su huh wie breit“, sei

Single-Cover zum Riesenhit von der legendären „Kellerbar“.

sie gewesen, so Sebus, „en richtig kölsch Minsch, vun deftigem Schlag, met herrlicher Stemm.“ Die letzte Reise ins Hamburger Studio endet mit einem Eklat im Frühstücksraum des Hotels „Reichshof“. Weckauf und Sebus hatten eine Angestellte an der Rezeption, die sie nicht kannte, instruiert, dass Grassmann während der ganzen Nacht jede Stunde geweckt werden müsste, weil sie ein Medikament einzunehmen habe. „Sollte die Dame unfreundlich werden, lassen sie es sich nicht anmerken. Dat hätt met dr Krankheit ze dunn“, erinnert er sich für das Hörbuch „Uns Kölsche Siel“. Am nächsten Morgen – „dat janze vürnehme Publikum soß janz stell beim Fröhstöck“ – wäre Carla Grassmann in den Raum gestürmt und habe brüllend gefragt, „welch erbärmlicher Saukopp“ dafür verantwortlich ist, dass jede Stunde das Zimmertelefon geklingelt hat. „Dä Will Glahé wood leichenblass.“ Grassmann wurde vom Personal rausgeführt. „Dat wor et letzte Mol, dat mir in Hamburg wore.“ Es könnte tatsächlich sein, dass dieser Scherz dafür mitverantwortlich war, dass es in Hamburg zu keinen weiteren Aufnahmen kam. „Wir waren nicht mehr hoffähig.“ Außerdem habe Glahé wohl aufhören wollen oder müssen.

Ist ihm im Rückblick irgendeiner der damals eingesungenen Texte peinlich? „Manches ist nur aus der Zeit verständlich“, antwortet er. „Kucke hier, kucke da“ aus dem Jahr 1984 sei „vielleicht ein bisschen blöd“. Mit dem Lied „Papa-Papagalli“ über eitles Playboy-Gehabe sei er angeeckt. Auch Kölsches funktionierte nicht immer, so wie das Lied vom „Zebingemännche“, das ein Jahr nach „Jede Stein en Kölle“ kaum einer verstand und hören wollte. Oder wie der Text „Wenn aal Schöre brenne“, den manch älterer Herr in Begleitung einer jüngeren Dame in den falschen Hals bekommen habe. „Aber wirklich peinlich ist mir kein Lied.“

Zum Zeitgeist in den 50er, 60er und 70er Jahren gehörte eben auch, dass man im Kölner Karneval jahrzehntelang gerne Hochdeutsches hörte. Kölsch galt als ordinär. War die Sprache unmittelbar nach dem Krieg in der Stadt das identitäts- und gemeinschaftstiftende Mittel zur Kommunikation, verboten nun sogar diejenigen, die selbst nur Kölsch konnten, ihren Kindern, die Sprache zu sprechen. Dass Ludwig Sebus Texte in kölscher Sprache machte, war auch ein Mittel zur Abgrenzung vom damaligen Mainstream. Aber konsequent durchhalten wollte und konnte er das nicht. So waren die streikenden Nixen 1975 gar sein Sessionstitel. Das

Single-Cover wurde – ganz im Stil der 1970er Jahre – mit gezeichneten barbusigen Meerjungfrauen verziert. Und da der Dreck und das Fischsterben im Rhein aktuelle politische Themen waren, malte man ein bisschen schwimmenden Müll neben die Nixen.

Da von den Interpreten im Kölner Karneval erwartet wurde, dass sie jedes Jahr zwei neue Lieder für die Session vorstellten, konnte Sebus die Freunde kölscher Liedkultur auch in Jahren mit hochdeutschen Songs versöhnen. So findet man auf der B-Seite der Nixensingle die nette Hommage an „Tünnes un Schäl". 1979 gibt's zur Session neben dem Hit über die Kellerbar die Lebensweisheit „Man kann nit immer nor gewinne", die Sebus mit Toni Steingass aufgeschrieben hat. Als er 1983 passend zum Sessionsmotto „Kölner Karneval wie im Märchen" sehr erfolgreich fragte, wer Dornröschen wachgeküsst hat, erschien gleichzeitig seine Liebeserklärung an die Kölner Altstadt: „Em Martinsveedel es Kölle wie em Märche schön. De Zick es stonnjeblevve und trotzdem meddendren polseet et kölsche Levve öm St. Martin." Das sind die Texte, die Sebus heute noch wichtig sind.

Barbusige Nixen im dreckigen Rhein: Single-Cover aus dem Jahr 1975.

Hörprobe „Bierwalzer" ➜

Text & Musik:
Ludwig Sebus, Willy Haas, Karl Erpel;
Verlag: Edition Supra Will Glahe

„Dann deit huh et Hätz mir schlage“

Der kölsche Geschichtenerzähler

Über hundert Ehrungen und Ehrenmitgliedschaften in verschiedenen Vereinen sind in den vielen Jahren des musikalischen Schaffens zusammengekommen, aber keine ist für ihn so wichtig wie die Ostermann-Medaille. Der in Erinnerung an den großen Texter und Komponisten 1967 gestiftete Preis gilt als höchste Auszeichnung im kölschen Fastelovend. Die Medaille wird unregelmäßig an Karnevalisten verliehen, die sich um den kölschen Karneval besonders verdient gemacht haben. Doch wenn Ludwig Sebus von der Ehrung seines Wirkens berichtet, gewinnt die Medaille aus Feingold ihre Bedeutung vor allem durch den Zeitpunkt ihrer Verleihung. Nur ein Jahr nach der ersten Vergabe an den Schöpfer der Schunkelhymne „Am Dom zo Kölle“ und urkölschen Liedermacher August Schnorrenberg entschied sich die Jury um Festkomiteepräsidenten Liessem und Oberbürgermeister Theo Burauen für Sebus als Preisträger – vor all den großen, alten Karnevalisten, die seit Jahrzehnten die Liedkultur der Stadt prägten.

Im Rückblick erinnert er sich an viel Neid und Missgunst, die ihm nach der Entscheidung entgegenschlugen. Auch in der ehrwürdigen Karnevalistenvereinigung der „Muuzemändelcher“ sei der Preis kleingeredet worden. Viele Sänger und Büttenredner hätten ihm die Ehrung nicht gegönnt. Die Enttäuschung über die Kollegen sitzt bis heute tief. Die Jury durfte damals die Reaktion der missgünstigen Karnevalisten durchaus erwartet haben, als sie sich für Sebus entschied. Der Preisträger ist sich sicher, dass sie ein Zeichen gegen den Trend setzen wollte. Es wurde hochdeutsch gesungen, oder wie es Sebus sagt: „Das kölsche Liedgut war zum Schlager geworden.“

Die Jury habe das „kölsche Krätzjen in seiner ursprünglichen Art“ herausstellen wollen. So bekam Ludwig Sebus die Ostermann-Medaille vor Jupp Schmitz, Willy Schneider, Jupp Schlösser, Toni Steingass oder Gerhard Jussenhoven. Und sogar der große Karl Berbuer musste noch zwei

Jahre länger auf die Ehrung warten, obwohl kaum einer ernsthaft daran zweifeln konnte, dass eigentlich er bereits der erste Preisträger hätte sein müssen. Doch der Texter von so vielen wunderbaren kölschen Liedern hatte in den 1960er Jahren vor allem Hochdeutsches zu Papier gebracht. Seine kölsche Dichtkunst beschränkte sich in diesen Jahren auf ein Lied über „Tünnes op nem Lama" („Wat en Drama!") und die Mitsingzeile „Fridachs koch ming Frau Kabelji, Kabelju, Kabeljau". Die 1960er Jahre gehören nicht gerade zur Hochzeit der typisch kölschen Musikkultur.

„Es gab starke Konkurrenz aus Düsseldorf", weiß Sebus. Auf die „Kleine Winzerin vom Rhein", „Du sollst mich lieben für drei tolle Tage" oder „Hätten wir lieber das Geld vergraben" antworteten die Kölner mit „Ich hab den Vater Rhein in seinem Bett gesehen". Da habe er nicht mitgemacht. „Ich wollte keine hochdeutschen Lieder für den Karneval schreiben." Ganz durchgehalten hat er das nicht. Aber wenn die A-Seite einer Single tatsächlich mal einen hochdeutschen Text hatte, gab es auf der Rückseite immer ein kölsches Angebot.

Vor der Verleihung der Ostermann-Medaille hatte er – ganz anders als die Kollegen – auf seinen Wiederaufbauhit „Jede Stein en Kölle" jedes Jahr mindestens ein neues kölsches Stück folgen lassen, darunter Seelenbalsam für die Kölschen wie die Lieder vom „Ahle Kuschteiebaum" oder „Uns kölsche Siel", die der Herrgott „jot jesennt, jenöchlich" ganz ohne Eile den Kölnern gegeben hat. „Weed och uns Kölle weltstadtgroß, uns nix passeere kann, wann nit uns kölsche Siel verross, die mer allein nor han." Er besang den dicken Pitter im Dom, die Stadttore, den Fastelovend oder den Ostermann-Brunnen. 1961 entstand eine hübsche Parodie auf die Wachstumseuphorie der Zeit, die dem Zuhörer den wahren „Weetschaffswunderheld" vorstellte. Das war nämlich Onkel Jupp, bei dem von morgen früh bis in die Nacht an der Theke „et Suffe immer flupp". Der schleckt „dat Bier flöcker", als es ihm gezapft wird. Im Jahr, als Sebus die Ostermann-Medaille verliehen wird, bringt er eines seiner lustigsten Lieder heraus: „Wat e paar Bein" ist ein beschwingter Marsch über die „Fleutmanns us däm sechste Stock", die trotz unvorteilhafter Figur jede Mode ausprobiert und dann im Minirock eine schmerzhafte Erfahrung mit dem Hund des Nachbarn machen muss. Der Hund sei so geschockt gewesen, dass er nicht anders konnte, als zuzubeißen. Das sei ein „echtes Krätzje" gewesen, so Sebus, ein Lied

„ganz in der Art von Ostermann". Ihm war wichtig, jedes Jahr ein neues Thema zu finden. Und es sollte möglichst etwas sein, was noch kein anderer besungen hatte. Wer die Lieder dieser Zeit heute hört, wird es schade finden, dass ihm wie aber auch fast allen anderen singenden Karnevalisten zu ihren Texten nichts anderes als Marsch und Walzer eingefallen ist. Die musikalische, stilistische Vielfalt, die heute die kölsche Szene prägt, kam erst mit den Bläck Fööss auf die Karnevalsbühnen.

Mit dem Begriff „Krätzje" verbinden heute viele eine bestimmte Vortragsform, eine vertonte lustige Geschichte, die langsam und getragen zu wenigen Gitarren- oder Akkordeonakkorden gesungen wird und bei der die Pause zur hohen Kunstform wird. Tatsächlich ist das Krätzje erst einmal nichts anderes als „ein heiteres Stücklein", wie es Adam Wrede in seinem Wörterbuch schreibt, „ein lustiges Verzällche teils harmloser, teils derber Art". Mit Musik hat das „Krätzje" ursprünglich gar nichts zu tun, schon gar nicht mit einem speziellen Musikstil. Insofern ist die Definition von Ludwig Sebus nachvollziehbar, der auch seine Musik – egal ob Marsch oder Walzer – der Krätzjerkunst zuordnet. Nicht ganz so konsequent ist er bei der Frage, was denn ein Krätzje inhaltlich präsentieren soll. Wichtiger ist für ihn etwas anderes: Wer sich „Krätzjersänger" nennt, muss alles selber machen. Das Texten, das Komponieren und der Vortrag müssen „aus einer Hand" kommen. Er sieht sich in der Tradition von Ostermann, Berbuer und vielen anderen, die Selbstgeschriebenes selbst auf der Büh-

Der Karneval als reine Männersache: Die Karte der Muuzemändelcher aus dem Jahr 1970 zeigt Ludwig Sebus an exponierter Stelle zwischen den Altmeistern Karl Berbuer (l.) und Jupp Schmitz (3.v.l.). Daneben v.l.n.r.: Fibbes Kneip, Kurt-Adolf Thelen, Hans Knipp, Bruno Wüst, Franz Weckauf, Toni Steingass, Helmut Steingass.
2. Reihe: Willy Schweden, Günter Eilemann, Charly Niedick (alle Eilemann-Trio), Wolfgang Reich, Hans-Josef Müller, Hans Hachenberg, Kurt Lauterbach, Harry Fey, Kurt Ludes, Fritz Weber, unbekannt, Hardy von den Driesch
3. Reihe: Jupp Kürsch, Ferdi Kürsch, Stefan Kürsch, Toni Geller, Max Mauel, Franz-Josef Wirtz, Franz Unrein, Michael „Micki" Hoch, Helmut Bergmann, Gerd Maxein, Christian Gehlen, Josef Lambert
4. Reihe: Erich Fischer, Ewald Fischer, Karl Schmitz-Grön, Jean Jülich, Willi Engels, Werner Dohm, Franz-Josef Schmitz, Jupp Weller, Hans Theo Wiest, Franz Röder „Amadeus Gänsekiel", Kurt Pfeufer, unbekannt, unbekannt, Hans-Philipp „Fibbes" Herrig (De Vier Botze)
5. Reihe: Heinz Mauel, Paul Bornheim, 5 x unbekannt, Engelbert Hofschlag, Heinz Lintz, Karl Kuhl, Herbert Wirtz, Jupp Hunold, Fred Beils

»Die Muuzemändelcher«

Autogrammkarte aus den 70er Jahren.

ne vortrugen. Diese Gattung an Karnevalisten sei praktisch ausgestorben, findet Sebus.

Bis in die 70er Jahre waren diese Sänger weitgehend zuständig für die Musik im Sitzungskarneval. Es gab noch keine richtigen Bands, nur die Gruppen um Günter Eilemann und Toni Steingass sowie einige wenige klassische Krätzjer-Duos sorgten für ein bisschen Vielfalt. Bei einer typischen Karnevalssitzung wechselten sich Redner und Sänger ab. Die einzelnen Auftritte waren deutlich kürzer als die heute üblichen 25 Minuten pro Programmpunkt. Es war üblich, dass die Sänger ihre Lieder zunächst nur mit Klavierbegleitung anstimmten. Wenn dann die erste Wiederholung des Refrains kam, setzte die Sitzungskapelle mit ein. Dann wurde im Saal mitgesungen. Später ließen viele das zurückgenommene Intro weg und die Kapelle von Anfang an mitblasen. Erwartet wurde, dass die Sänger akkurat gekleidet im Frack oder wie Sebus in feinem schwarzen Anzug auftraten. Als sich Jupp Schmitz 1964 als „Hirtenknabe von St. Kathrein" in Kniebundhosen an den Flügel setzte, wurde daraus ein richtiger Skandal. Den Bruch mit der Konvention verzieh man nur wenigen – so wie dem Lebemann Horst Muys und später dem Clown Hans Süper. Beide waren wahrscheinlich vor allem deshalb beliebt, weil sie auf der Bühne wie im Leben genau das Gegenteil von dem verkörperten, was sich im Publikum versammelte. Man liebte den Tabubruch, solange er vorher angekündigt wurde. Ansonsten wurde der Spaß im Karneval als recht ernste Angelegenheit inszeniert. Da trug August Batzem wie ein Operettensänger im feinen

Anzug mit aufgesetzter Miene und ausladenden Gesten schlecht gereimte Zeilen wie „Ohne Spaß und dies und das macht das ganze Leben keinen Spaß“ als schmetternden Marsch vor.

Wenn man heute bewegte Bilder aus dieser Zeit sieht, staunt man über die wenig sinnlichen Konventionen, ein nicht selten völlig regungsloses Publikum und die aufgesetzten Reden sich überwichtig nehmender moderierender Präsidenten. Das mag einem alles nicht gefallen. Ein ebenfalls für diese Zeit typische Selbstverständlichkeit hätte jedoch durchaus eine Wiederbelebung verdient. Publikum und Künstler begegneten sich mit viel Respekt. „Die Aufmerksamkeit war enorm“, so Sebus. Das galt sogar für den selbst nach heutigen Vorstellungen riesigen Williamsbau, der bis 1956 für große Sitzungen genutzt wurde. Wenn man Bilder von damals sieht und bedenkt, dass die technischen Möglichkeiten noch arg begrenzt waren, kann man sich kaum vorstellen, wie man in den hinteren Reihen die Künstler verstehen konnte. Ludwig Sebus war einmal mit dabei, bevor das Übergangsquartier für den Karneval aufgegeben wurde. „Die Disziplin in diesem großen Saal war genauso groß wie in den anderen Sälen. Die Leute hörten zu, keiner quatschte.“ Auch die Büttenredner konnten sich auf ein aufmerksames Publikum verlassen. „Damals brauchte keiner um Ruhe bitten.“

Autogrammkarte aus den 70er Jahren.

Nicht jede aus der Vorkriegszeit übernommene Konvention war etwas Schlechtes. Allerdings führte die Pflege von Sitte, Anstand und gutem Benehmen auch dazu, dass der offizielle Karneval immer weiter erstarrte.

Ganz gegen die Erkenntnis des kölschen Grundgesetzes „Nix bliev, wie et es“ war er auf Bewahrung und Bestand bedacht. Die ausschließlich rückwärtsgewandte Brauchtumspflege in den 60er und 70er Jahren stand im krassen Gegensatz zur gesellschaftlichen Aufbruchsstimmung in allen anderen Bereichen der Kultur. Während die Studentenproteste losbrachen, verweigerte der offizielle Karneval jede Reform. Er war konservativ, fast reaktionär. Das Jugendmagazin Twen hatte bereits 1962 kurz und knapp getitelt: „Der Kölner Karneval ist doof.“ Schüler und junge Erwachsene hatten in ihrer Mehrheit mit dem Fastelovend nichts am Hut. Er sei verkrampft und bis ins Detail durchorganisiert, so der Autor in Twen. „Das niedere Volk“ sei „bloß Staffage, Kulisse und Claqueur“. Die Kritik betraf Formen wie Inhalte gleichermaßen. Die Festwagen des Rosenmontagszuges spotteten über Hippies, Studentenprotest, freizügige Mode und „Freistilsänger“. Damit waren die Beatles gemeint. Die Verantwortlichen nahmen den Wandel wahr, aber sie reagierten mit Unverständnis und Abwehr.

„Mit den Protestaktionen auf der Straße kam zum Ausdruck, dass viele Dinge verkrustet waren“, sagt Sebus. „Das war im Karneval ähnlich. Ein Aufbruch war erforderlich.“ Viel Sympathie hatte der ehemalige Wehrmachtssoldat stets mit dem Protest gegen Militarisierung und Aufrüstung. Dass sich Deutschland dazu entschieden habe, wieder eine eigene Armee aufzubauen, habe ihn enttäuscht. „Ich habe mit großer Distanz verfolgt, dass wir wieder bereit waren, Leute in den Krieg zu schicken.“ Doch mit den rebellischen Studenten und Schülern Ende der 60er Jahre hatte er nicht viel zu tun. Angst hätten ihm die zum Teil gewaltsamen Proteste aber nicht gemacht.

Über die Auswirkungen der 68er-Bewegung im Karneval sagt Sebus: Der Fastelovend wurde lockerer. Mit Politik hatte das nichts zu tun. Das Interesse an Neuerungen reduzierte sich im offiziellen Karneval und seinen arrivierten Gesellschaften im Wesentlichen auf die Präsentation leicht bekleideter Frauen – aus Pappmaschee im Zoch, auf Karnevalsorden oder auch mal als „Oben-ohne-Tänzerin“ bei einer Herrensitzung – und auf Menüzusammenstellungen mit exotisch klingenden Speisen: Anstatt sich über die Zukunft des Festes Gedanken zu machen, wurde „Mockturtle-Soup“ oder „Ossobuco Cremolata“ im Gürzenich serviert. Man spielte große weite Welt, ohne zu bemerken, wie engstirnig die Sicht auf die gleiche

Die Beatles als Motivwagen im Rosenmontagszug 1967; drei Jahre zuvor wurden sie für „Viermal Gold im Freistilsingen" verspottet.

Ein Krätzjer wird zum Evergreen: Single-Cover des Hits „Och Verwandte ...".

doch war. 1969 schafft es die vorgegaukelte Weltläufigkeit in kulinarischen Angelegenheiten sogar, zum Zochmotto zu werden. „Köln serviert internationale Speisen à la carte", hieß es da natürlich auf Hochdeutsch. Der Kulturjournalist Walter Filz hat den Fastelovend der Vor-Bläck-Fööss-Zeit in seinem Buch „Es ist noch Känguruschwanzsuppe da" klug und witzig porträtiert. Für die 70er Jahre zieht er ein ganz bitteres Fazit und diagnostiziert einen „Karneval, der nichts mehr will, der ambitionslos, ehrgeizlos und interessenlos ist". Mit Orden und Ehrennadeln – einem „schieren Materialeinsatz" – wurde über „seine fade Schnödigkeit hinweggetäuscht". Sein Glanz sei nur „eine dünne Schicht aus Falschgold, die mehr und mehr abblättert und den Blick freigibt auf eine dürftige Substanz. Ist das noch was? Da ist fast nichts mehr".

Ausgerechnet diese bräsigen 70er Jahre im Kölner Karneval sind die erfolgreichste Zeit für Sebus als Sänger. Er schrieb einige seiner besten Lieder. Außerdem hatte die alte Garde nach und nach Platz gemacht. Hatte der „Krätzjersänger" nach dem Krieg eine Unmenge an Konkurrenten mit großen Namen, war die große Zeit der meisten Stimmungssänger nun vorbei. Der jüngere Sebus blieb und schenkte der Stadt ein paar echte Evergreens. 1972 erschien die Hymne aufs Rheinpanorama „Loor ens vun Düx noh Kölle", das er in der Hitze Sri Lankas geschrieben hat. 1976 folgte der Kneipenhit „Nä, wat ess dat he ne miese Lade" und 1977 die großartige musikalische Geschichte „Och Verwandte, dat sin Minsche". Familie ist eine feine Sache. Man freut sich, wenn sie kommt – und ist glücklich, wenn der Besuch wieder geht. Denn: „Zoeesch fing alles harmlos an, des Nommendachs öm Vier. Nohm Kaffee gingk et dann zur Saach met Wing, Schabau un Bier. Öm nüng Uhr ovends fohlt mer noch jlöcksillig sich verwandt, doch schon öm Zehn hät keiner mih dä andere jekannt." Und wer eine große Familie hat, weiß: „Zo nem schön Familljefess jehöt Familljekraach." Völlig zu Unrecht etwas in Vergessenheit geraten ist die wunderschöne schunkelbare Lebensweisheit „Mr kann nit alles krigge". Der Text spiegelt die Lebenseinstellung von Ludwig Sebus und ist gleichzeitig ein zeitloser, kluger Rat an alle, die neidisch auf andere schauen und nie genug bekommen können. „Wä immerzo nor noh bovve hin loot, däm weed et Jenick janz stief."

Zusammen mit der von ihm geschätzten Kollegin Marie-Luise Nikuta wurde er zu den übrig gebliebenen Helden der ansonsten aussterbenden Gattung der „Krätzjerssänger", so wie sie Sebus definiert. Allerdings schafften es beide nicht, sich mit ihren Texten für neue musikalische Stilrichtungen zu öffnen. Sie blieben weitgehend dem Musikstil treu, der mit dieser karnevalistischen Kunstform verbunden war. Walzer ging weiterhin, für

Cover zweier Sebus-Singles aus den 70er Jahren.

den Marsch wurde es schwierig. Wäre ihnen etwas Poppigeres gelungen, hätten beide vielleicht früher die Anerkennung bekommen, die ihnen heute zuteil wird. Die Zeit war reif für etwas Neues. Das musikalische Feld, „ein ausgetrockneter und erodierter Boden, war nach „Jahrzehnten monokultureller Intensivbewirtschaftung reif für die Instandbesetzung“, wie Walter Filz schreibt.

Die Instandbesetzung beginnt mit „Drink doch eine met“ und „Mer losse dr Dom en Kölle“, den ersten großen Publikumserfolgen der Bläck Fööss, mit denen Popmusik und musikalische Vielfalt sowie neue Ansprüche an den Text und dessen Botschaft in den Sitzungssälen Einzug halten. 1975 erscheint das Fööss-Album „Lück wie ich un du“, das mehr ist als ein Meilenstein der kölschen Popgeschichte. Es ist im Grunde ihr Beginn. Mancher bezeichnet den Einstieg der Bläck Fööss in den Karneval im Rückblick als „revolutionär“, Fööss-Vordenker und Bassist Hartmut Prieß spricht lieber von einer „behutsamen Weiterentwicklung“, die an Bestehendes anknüpft. Schließlich habe man mit einem Walzer über „Rievkooche“ sowie mit Klassikern wie der von der „Kayjass Nummer Null“ angefangen.

Die zweite Single der Bläck Fööss mit Peter Schütten, Tommy Engel und Erry Stoklosa auf dem Cover, Bömmel Lückerath, Hartmut Prieß und Joko Jaenisch durften nicht mit drauf. Die Plattenfirma hatte noch Probleme mit der Schreibweise des Bandnamens.

Die Skepsis in manch konservativer Karnevalsgesellschaft und Irritationen beim Publikum über das Auftreten der langhaarigen Musiker in Jeans und „op bläcke Föös“ legten sich schnell. „Die wurden von einigen anfangs boykottiert“, erinnert sich Sebus. „Doch wenn eine Sache gut ist, setzt sie sich durch. Ich fand die Jungs immer sehr sympathisch. Ich habe die tolle Musikalität und die Originalität gesehen. Das war echt kölsch.“ Sicher war er sich jedoch, dass sich die nackten Füße auf der Bühne – in den Anfangsjahren das Markenzeichen der Bläck Fööss – nicht durchsetzen würden. „Das halten die nicht durch“, habe er damals gedacht und Recht behalten.

So zog die Popmusik mit Bezügen zu Musikstilen aus aller Welt in den

Fastelovend ein. Mit einigen Texten der Band und öffentlichen Forderungen nach Reformen im Karneval taten sich die Repräsentanten des offiziellen Karnevals jedoch auch noch in den 80er Jahren schwer. Nach Liedern wie „Am Arsch der Welt“, dem „Kackleed“ oder „Edelweißpiraten“ hätten ihnen nicht wenige gerne die Ostermann-Medaille, die sie 1981 verliehen bekamen, wieder weggenommen. „Das war völlig unbegründet“, findet Sebus. Da sei sicher der „Neidfaktor“ im Spiel gewesen. Die Fööss hätten schon damals „unheimlich große Verdienste fürs kölsche Liedgut“ erworben.

Warum hat er sich selbst nicht mal an einem politischen Text versucht? „Ich habe mich in dieser Richtung nie berufen gefühlt.“ Auch habe er dafür „keinen musikalischen Rhythmus gefunden“. „Ich wusste, dass sowas andere wie die Fööss besser konnten.“ Der Entertainer und Spaßmacher hatte eine andere Berufung. Er sei eben „kein Revolutionär, Philosoph oder ein Freund großer politischer Debatten“. Ihm sei es immer darum gegangen, jeden einzelnen Zuhörer zu erreichen. „Die Lebenskultur liegt in der Zufriedenheit der Menschen“, sagt Sebus in seiner ganz besonderen Ausdrucksweise. „Ich möchte mit Einfühlungsvermögen den Leuten schöne Momente bescheren und ihnen direkt und schnell helfen, Zuversicht, Zufriedenheit und Glück zu finden. Der Mensch muss im Vordergrund stehen.“ In einem Interview mit dem Kölner Stadt-Anzeiger anlässlich seines 90. Geburtstags 2015 formulierte er es anders: Er wolle seiner „Mitwelt ein bisschen vom Sonnenschein weitergeben“. Tochter Ulla würdigt ihren Vater folgerichtig als „raumerhellend“. Er habe für jeden „ein gutes Wort“. Schwester Jeannette sagt: „Er ist ein extrem positiver Mensch, ohne dabei die Dinge rosarot zu malen.“ Und Tochter Monika Rück meint, ihr Vater habe die „Begabung, die Leute anzusprechen – nicht als Small Talk, sondern so, dass irgendwas in ihnen klingt“. Der Macher des Edelweißpiratenfestivals und Humba e.V., Jan Krauthäuser, der Sebus erst in den 90er Jahren kennengelernt hat, sagt: „Es macht ihm Spaß, die Leute glücklich zu machen. Ich kenne keinen in der Künstlerszene, der diese Menschenliebe in dieser Potenz ausstrahlt.“

Nach den Fööss brachten weitere Popbands frischen Wind in den Fastelovend. 1978 landeten die Höhner mit „Blootwoosch, Kölsch un e lecker Mädche“ ihren ersten Hit. Nach dem Einstieg von Peter Horn, der

De Höhner 1980 auf dem Cover der Single „Am Eigelstein zo Kölle", in der hinteren Reihe FM Willizil.

irische Folkmusik mitbrachte, und FM Willizil, der bis dahin Rockmusik gemacht hatte, verließen die Höhner das traditionelle Feld, in dem sie sich zunächst versucht hatten. Die musikalische Revolution wurde später vom Colonia Duett flankiert, das den Widerstreit von Altem und Neuem, von gesittetem Anstand und anarchischem Widerspruch zum Markenkern machte. Das Spiel auf der Bühne zwischen dem hibbeligen Hans Süper und dem ruhigen Hans Zimmermann ging immer zugunsten des Aufbegehrenden aus, bevor man sich mit einem gemeinsamen Lied wieder versöhnt. Der offizielle Karneval findet eine vergleichbare Balance zwischen Brauchtumspflege und Innovationsbereitschaft noch lange nicht. Es braucht viel Zeit und weitere Impulse, bis sich Tradition und Popkultur zu etwas sehr Zukunftsträchtigem versöhnen lassen.

Als die Fööss und die Höhner kamen, war Ludwig Sebus über 50 Jahre alt und hatte über zwanzig Jahre Karnevalserfahrung auf dem Buckel. Die Sänger, die nach dem Zweiten Weltkrieg an ihre frühere Popularität anknüpfen konnten und den Nachwuchs kritisch beobachtet hatten, waren nicht mehr im Rampenlicht. „Jetzt war ich der Alte." Er habe die Neuen nicht als Konkurrenz empfunden, auch weil sie ihm keine Auftritte wegnahmen. „Ich war ja als Einzelkünstler eine vergleichsweise günstige Sache."

Aber wie sahen die Neuen die Alten? „Das waren die aus einer anderen Zeit“, sagt Bömmel Lückerath von den Bläck Fööss, „die von gestern und vorgestern“. Das Alte war „Marsch met Trumme un Trööte und Walzer in ihrer damals sehr starren Form mit Texten, die nichts mit uns zu tun hatten“, meint FM Willizil, der bis zu seinem Einstieg bei den Höhnern 1978 mit Karnevalsmusik nichts zu tun hatte. Er vergleicht die Veränderungen im Karneval, für die die Fööss und auch die Höhner standen, mit dem allgemeinen gesellschaftlichen Wandel. „Es hatte so etwas von der 68er-Bewegung, wo der Mief von 1000 Jahren hinausgekehrt wurde.“ Man kann es einfacher formulieren, wie es Michael Sebus tut, der wie fast alle anderen Jugendlichen in seiner Freizeit nicht Marsch und Walzer, sondern ganz andere Musik hörte: „Die Musik meines Vaters war überhaupt nicht cool. Die Bläck Fööss waren cooler.“ Es habe Zeit gebraucht, bis man in der Lage war, die Leistungen der „Alten“ zu erkennen, sagt Willizil. „Wir haben gemerkt, dass sie genau wie wir ihre Zeit besungen haben. Da wurde insbesondere Ludwig interessant“, so Lückerath. Sein Kollege Hartmut Prieß sagt, dass die Fööss und Ludwig Sebus gar nicht so weit auseinanderlagen, wie es mancher im Rückblick glaubt. Sebus sei ein typischer Interpret für den bodenständigen Kneipenkarneval im Veedel gewesen. Entscheidend für ein gutes Lied sei vor allem der Text, die Musik nur das Transportmittel.

1975 setzen die Bläck Fööss mit ihrem legendären Album „Lück wie ich un do“ den ersten Meilenstein kölscher Popgeschichte. In der Mitte Bömmel Lückerath und Hartmut Prieß.

In den 60er Jahren hätte keiner ernsthaft angenommen, dass neben der Popmusik ausgerechnet die kölsche Sprache zum entscheidenden Faktor für die Wende wurde. In Zeiten, in denen noch jeder Kölner Kölsch konnte, hatte die Sprache im Karneval nur noch ein kümmerliches Nischendasein geführt. Heute, wo so gut wie keiner mehr im Alltag Kölsch spricht, gilt für unzählige Bands und Interpreten einer riesigen Szene das Motto von Kasalla „Alles kann, Kölsch muss". Wer es dann doch noch mal auf Hochdeutsch versucht, wird nicht selten schräg beäugt. Das ist erstaunlich, war es doch mal andersherum. Das Kölsche galt jahrzehntelang als unmoderne Sprache von vorgestern. Das fast zwanghafte Austreiben des Kölschen spiegelte sich in äußerst gestelzten Mottos für die Rosenmontagszüge, die in den 60er und 70er Jahren fast alle hochdeutsch sind. So hieß es „Köln lässt grüßen kunterbunt, Presse, Fernsehen und den Funk" oder „Rosen, Tulpen und Narzissen, das Leben könnte so schön sein".

Es war keineswegs nur das Fernsehen, das für seine Übertragungen mehr Verständlichkeit einforderte. Vielmehr spiegelte sich ein allgemeiner Trend, denn spätestens ab den 1960er Jahren hatten nicht wenige Kölner ein sehr gespaltenes Verhältnis zu ihrer Sprache. „Kölsch war ganz verpönt und galt als Gossensprache", erinnert sich Monika Rück. „Mit Kindern, die Kölsch sprachen, spielte man nicht." In bürgerlichen Familien wurde kein Kölsch mehr gesprochen. Da war die Familie des kölschen Liedermachers keine Ausnahme. „Kölsch war ein Zeichen niederer Bildung", sagt Schwester Ulla Sebus-Derow. 1983 textete der Vater in einer Hymne auf die kölsche Sproch „Un hör ich Kölsch, deit huh et Hätz mir schlage, kein Sproch klingk su – egal ov noh ov fän." Mit der Wirklichkeit in den heimischen

Der Sänger bei einem Auftritt in den 1970er Jahren.

vier Wänden hatte das wenig zu tun. Da war die Familie Sebus keine Ausnahme. Den Eltern war wichtiger, dass die Kinder perfekt und fehlerfrei Hochdeutsch konnten. Jeden Tag hätten sie Diktate schreiben müssen, erinnert sich Tochter Ulla. „Richtig sprechen und schreiben zu können, was absolut wichtig. Unsere Eltern wollten uns das Beste vorgeben – und das war nicht Kölsch." Eine Rolle spielte sicherlich, dass die Mutter kein Kölsch konnte. Doch der Vater machte keine großen Anstalten, dagegenzuhalten. „Mein Vater musste sich nichts verkneifen, weil immer klar war, dass zuhause Hochdeutsch gesprochen wurde." Über dieses Phänomen, wie aus einer Muttersprache eine Fremdsprache werden konnte, ist in den vergangenen Jahren viel nachgedacht worden. In anderen Regionen hielt sich der heimische Dialekt deutlich besser als in Köln. Für den Erhalt der Regionalsprache ist gemeinhin wichtig, dass sie im Alltag weiter gesprochen wird. Das Kölsche verschwand jedoch weitgehend aus dem Alltag der Stadt, zumindest aus dem der bürgerlichen Schichten. Und da der Gesellschaftskarneval in den Sälen der Stadt eine ziemlich bürgerliche Angelegenheit war, blieb er bestenfalls ein kleines Reservat für die vom Aussterben bedrohte Sprache. Denn auch in den Karnevalssälen galt es damals nicht als besonders schick, Kölsch zu sprechen.

Insofern war das klare Kölsch-Bekenntnis der Bläck Fööss, die zuvor in diversen Bands englischsprachige Stücke gespielt und gesungen hatten, ein weiteres Zeichen des Protests gegen die etablierten Formen des Kölner Karnevals. Die Rückbesinnung auf die Sprache stand für eine Rückkehr zu einer volkstümlichen Bodenständigkeit, von der sich der offizielle Karneval entfernt hatte. Hartmut Prieß sagt, dass sich die Fööss für die kölsche Sprache entschieden hätten, weil man Spaß daran gehabt hatte. „Das war keine Opposition." Sonst wäre man ja nicht gebucht worden. Auf Kölsch ließe sich einfach vieles anders und besser ausdrücken, so Prieß. Ludwig Sebus sieht das genauso. Und doch: Die kölsche Sprache war für die Fööss, aber auch für Ludwig Sebus ein entscheidender Faktor für den Erfolg, weil man sich so von den meisten anderen unterschied. Sebus hatte sich nach dem Krieg seine Position trotz der großen Konkurrenz erarbeiten können, weil die sich fast ausschließlich aufs Hochdeutsche verlegt hatte. Bei den Bläck Fööss kam zur kölschen Sprache noch die Etablierung der Popmusik im Fastelovend hinzu.

Sebus ist nie ein Dogmatiker in Sachen kölsche Sproch gewesen. An den Schlachten, die sich gelernte und selbst ernannte Sprachexperten bis heute liefern, hat er sich nicht beteiligt. „Echtes Kölsch“, „Falschkölsch“ oder nur „Rheinisch“ – die meist schrägen, pseudo-akademischen Debatten dürften eher abschreckende als ermutigende Wirkung gehabt haben. Dass sich eine Sprache, wenn sie lebendig ist, immer verändert, wird von manchem ignoriert. „Kölsch muss sich anpassen, sonst kann man sich ja nicht mehr damit verständigen“, sagt Sebus. Besonders heikel wird es, wenn nicht nur über die gesprochene, sondern gleichfalls die geschriebene Sprache debattiert wird. Die Akademie för uns Kölsche Sproch hat mit ihrem Versuch, einheitliche, logisch ableitbare Regeln umzusetzen, das kölsche „J“ getilgt, das nicht wenige zur Überlebensfrage erklären. Das sind diejenigen, die sich auf „den Wrede“ berufen, jenes scheinbar ewig gültigen Standardwerk „Neuer kölnischer Sprachschatz“ des Volkskundlers und Sprachwissenschaftlers Adam Wrede aus dem Jahr 1956. Sebus folgt beim Schreiben einem noch älteren „Wörterbuch der Kölner Mundart“, das der Kölner Fabrikant, Erfinder, Sprachforscher und Karnevalist Fritz Hönig 1877 vorgelegt hatte. Das war das Standardwerk der Vor-Wrede-Zeit, in dem wohl auch Ostermann oder Berbuer im Zweifel mal eine Schreibweise nachschlugen. Orientiert man sich an Hönigs Vorgaben, wird die Frage nach dem „G“ oder „J“ zu einer ganz komplizierten Angelegenheit. Denen, die es wissen wollen, erklärt Sebus den „ganz feinen Unterschied“. Demnach gibt es sehr wohl ein „kölsches G“. „Das ist etwas weicher als das J, ein Nuance anders.“ Deshalb schreibe er „Gott“ mit „G“, genau wie „gonn“ oder „gläuve“, während „jitt“ mit „J“ zu schreiben ist. „Vokalistisch ist das ein kleiner Unterschied. Viele meinen, dat göv et nit.“ Adam Wrede hätte hier „jöv“ empfohlen.

Sein Vorbild fürs Texten und kölsche Geschichtenerzählen war sein freundschaftlicher Förderer Karl Berbuer. „Herrlich schöne Leedcher hät Kölle hä vermaht, kölsche Tön und kölsche Wööt en reinster Eigenaat“, heißt es im „Karl-Berbuer-Brunnen-Lied“, das für Sebus unbedingt auf die Liste der für ihn wichtigsten Lieder seines Schaffens gehört. „Keiner jov sich su vill Möh, zo forme Wood un Senn. Meister wor hä em Couplet met Louis-Armstrong-Stemm.“ Den Walzer schrieb er 1987 für die Sängerin Claudia Engels, nachdem er in der Jury mitgearbeitet hatte, die über vierzehn Entwürfe für einen Brunnen auf dem nach Berbuer benannten Platz im Severinsviertel zu entscheiden hatte. Umgesetzt wurde der Vorschlag des Künstlers Bonifatius Stirnberg für einen Spielbrunnen mit Motiven und Figuren aus Berbuer-Liedern. Ihm habe der gelernte Bäcker aus dem Griechenmarktviertel einen wichtigen Rat mit auf den Weg gegeben, den er immer beherzigen wollte, so Sebus: „Achte immer auf die Qualität der Texte, selbst wenn es nur um dein Karnevalslied geht.“ Bei seinem Lied „Nor am Dreikünningepöötzje“ habe er drei Wochen über eine einzige Zeile nachgedacht, habe ihm Berbuer erzählt. „Du musst immer Qualität bieten.“ Ein Jahr komme man mal ohne einen neuen Hit durch, dann müsse wieder geliefert werden.

Fein gemacht im Karnevalsfrack.

Sebus mag seine Texte mit historischen Bezügen. Sein Freund und Oberbürgermeister Theo Burauen habe gelobt, dass er „das geschichtliche Köln“ in seinen Liedern verarbeite. Der Sänger wurde zum Chronist des Zeitgeschehens. Ihm fielen auch Texte zu Themen ein, die sich eigentlich kaum für heitere Reime eignen. Sein Repertoire umfasst den 150. Geburtstag des Stadtgefängnisses genauso wie den Parkplatzsuchverkehr. Die arme „Sting“ findet am Neumarkt keinen Platz für ihr Auto, „un so jöck dat ärme Ding ald drei Stund immer rund, bes et dann en Neppes stund“, hieß es 1971 im Lied „Wie ’ne Zirkus“ – nicht sein einziges verkehrspolitische Thema: „Et Foßgänger-Paradies“ lobte den Bau großzügiger Fußgängerzonen. „E Meisterstöck es denne Heinzelmänncher he jeglöck. Do kriss mit keine Autofahrer Zänk un Knies em Fußgänger-Paradies.“ Kurz nach der Eröffnung der ersten Kölner Strecke für die U-Bahn wurde diese als Treffpunkt für Liebespaare empfohlen. Schade sei nur, dass da während der Fahrt nie das Licht ausgehe, „sonst küsste ich dich ohne Paus' vom Dom bis Friesenplatz".

Immer wieder gab es aktuelle Bezüge: 1956 war das der Katholikentag, 1980 die 100-Jahr-Feier der Domvollendung. Ein paar Jahre später würdigt er den „Trimm-Dich!"-Trend, die erste große Freiluft-Fitnessewelle in der Republik. Im „Poozeleed" besingt er die mittelalterliche Stadtmauer und ihren Abriss, plädiert für den Erhalt ihrer wenigen Reste und macht aus dem alten Schutzwall mit seinen Stadttoren ein Bild für kölsche Gastfreundschaft: „Ov Dach ov Naach verloss dich drop, stonn he de Pooze för dich op." Im Lied vom „aale Kuschteiebaum" besingt er einen alle Wirren der Zeit überlebenden Kastanienbaum in der Stadt. Seine Geschichte ist typisch für seine Sicht auf die Dinge. Der Baum könnte viel erzählen, weil er das alte Kölle noch kannte. Aber „wenn em Fröhjohr sing Kääze all blöh'n, zeig hä: Er Levve es hück noch schön". Der Blick zurück ist gut für die Seele, eine Art Referenz, aber er ist bei Sebus nie verklärend-nostalgisch. Auch heute kann es gut sein. Und das, was er „kölsche Lebensart" nennt, überdauert sowieso alles. Die Botschaft lautet: Veränderungen sind nichts Schlechtes. Sorgt euch nicht.

Die Stadt wächst durch Zuwanderung, Köln und seine Bevölkerung sind im Wandel. Was manchen verunsichert, macht Sebus keine Angst. Während andere in rückwärtsgewandte Kölschtümelei flüchten, besingt er Köln als offenes und buntes Zirkuszelt, in dem jeder willkommen ist. „Unger einem Zelt treffen sich alle Kölsche un dä Ress dr Welt", heißt es im erfolgreichen Sessionslied 1991 „Circus Colonia". Das, was er für typisch kölsch hält, bedarf keines Nachweises mit Geburtsurkunde. „Janz allein der Daufsching mäht et nit", textete Sebus in seinem Stück „Un ben ich och 'ne Imi". „Mer weed als Kölsche eesch jebore, wenn die Kölsche Aat vun Hätze kütt." Die kölsche Lebensart ist

Cover zum Sessionslied 1991.

eine Grundeinstellung, ein verbindendes Gefühl. Sebus pflegt das Bild, das es in Köln etwas anders zugeht als sonstwo, aber er überhöht das nicht. „Dr Herrjott, dä hätt secherlich, doröver jod jewaach, dat keine Misch däm ander jlich“, heißt es im Liedchen „Op einem Aug, do kriesche mer“. Die Menschen sind verschieden, „dä eine halv, dä andre janz verrück“, doch in einem sind die Kölschen gleich: Sie können mit einem Auge weinen und mit dem anderen lachen.

Der „Herrjott“ und das, was Menschen ihm zu Ehren tun, ist ein recht präsentes Thema in seinem Schaffen. Zu seinen Lieblingsliedern gehört die Hymne auf die romanischen Kirchen. Er habe „die Menschen würdigen wollen, die Ewigkeiten an etwas gebaut hätten, ohne zu wissen, wie es fertig aussieht“. Natürlich sei es deshalb eine Pflicht, heißt es in „Romanisch kölsche Kirche stonn“, diese nach der Kriegszerstörung wieder aufzubauen. Das sei man denen schuldig, „die däm Herrgott han vertraut“. Viel liegt ihm auch an seinem Text über die „Schwazze Madonna en dr Koffergass“. In der Gnadenkapelle der Kirche St. Maria in der Kupfergasse drücke sich eine Gläubigkeit aus, „die über Rassen und Kulturen hinweg zeigt, dass die Menschen einen Halt brauchen.“ Die Botschaft dieses recht rührend instrumentierten Liedes, das Sebus erst 2002 aufnahm, dürfte vielen heute fremd vorkommen. Menschen beten vor einer Statue, die Feuer, Krieg und Zerstörung überstand, darum, dass die Gottesmutter für sie bitten soll. Das ist ein besonderer Ort, an dem sich katholische Lehre, rheinischer Volksglaube und naiver Aberglaube auf eigentümliche Weise vermischen. Verlassene und Mutlose knien vor der schwarzen Figur, singt Sebus. „Un keiner jeiht heim ohne Trus.“ Auch für die Bitte um schönes Wetter an Rosenmontag kommt man zur Schwarzen Madonna. „Do weiß jo, he bruche mer dich. Uns Kölle, loss niemols em Stech.“ Das ist ein ehrlicher Ausdruck von tief empfundener Frömmigkeit. Tochter Monika erinnert sich daran, dass am Tag ihrer Prüfung zur Medizinisch-technischen Angestellten beide Eltern – ohne sich abgesprochen zu haben – für sie eine Kerze vor der Madonnenstatue entzündet hätten. „Und beide hatten vergessen, den Haustürschlüssel mitzunehmen.“ Ihre Mutter Lilo hätte einen „sehr persönlichen Draht zur Schwarzen Muttergottes“ gehabt.

Natürlich kamen auch der Karneval und andere vaterstädtische Institutionen in den Texten von Sebus nicht zu kurz. Er schrieb Märsche für das

Ein kölsches „I did it my way": CD-Cover von „Alles su widder dun".

Dreigestrin und viele Karnevalsgesellschaften, lobte die Stadt, in der „immer jet loss" ist, den Zoo und den „Rosenmontagszauber". Lustige Geschichten erzählte er von der „Fleutmanns" und der „Löllhoons", die unbedingt in eine Fernsehshow wollte, und er schaffte es, Stadtteile musikalisch zu verewigen, die bis dahin höchst selten oder gar nicht in einem kölschen Lied vorkamen: Lindenthal, Radertthal und Bayenthal werden Ziele der „Drei-Täler-Fahrt". Und weil es in Köln ebenso Stadtteile mit der Endung „Berg" gibt, lag es nahe, Kölns „Birgespraach" und die „kölsche Höheluff" zu besingen. Denn angeblich kann man auch „en Seeberg, Gremberg, Höhenberg Urlaub maache. Un och en Rader-Klettenberg deit ovv et Sönnche laache."

Zum Repertoire gehört schöner Blödsinn wie „Ich gläuv do häs en Eck avv" – in dem Lied wird Tünnes in den Bundestag geschickt – oder die Parodie auf Körperkult und Schönheitswahn „Wä uns nit schön fingk". Ab Ende der 1980er Jahre kommen mehrere kölsche Weihnachtslieder hinzu. Einige Stücke dieses neuen Kölner Genres entstanden mit Gerhard Jussenhoven, der Melodien zu den Texten beisteuerte. Aus dem witzigen Lied vom geklauten Weckmann ist ein kölscher Weihnachts-Evergreen geworden. „Wer hät vun mingem Teller dä Weggemann stibitz? Au weih, wenn ich dä krige, dä kritt jet op de Mötz!" Für Willy Schneider schrieben die beiden „Dat klein Tannebäumche". Es wurde 1988 die letzte Studioaufnahme des 1905 geborenen Sängers von Schlagern, Volksliedern und Operetten mit der beeindruckenden Bassbaritionstimme.

Im Rahmen ihrer „Kölsch-Diplomarbeit" im Jahr 2000 haben Gerti Prescher, Robert Tabert und Heinz Weinand 205 veröffentlichte Lieder aus der Feder von Ludwig Sebus in chronologischer Reihenfolge dokumentiert. Reinhold Louis, Herausgeber der Schallplatten- und CD-Reihe „Kölsche Evergreens", kommt ein Jahr später im Booklet zur 25. Folge auf über 210 Titel – ein beachtliches schöpferisches Werk, das damals noch keineswegs beendet war. Zwar hatte Sebus bereits 1985 völlig überraschend seinen Abschied als „Krätzjersänger" erklärt, aber ein völliger Rückzug war das freilich nicht. Er wollte nicht mehr jedes Jahr die Erwartungen erfüllen und mit immer neuen Liedern im lauter werdenden Fastelovend bestehen müssen. Dass er es nicht ganz lassen konnte, war allen, die ihn kannten, schon damals klar. Vielleicht war er der Einzige, der die Sache und sich selbst falsch einschätzte. Sebus trat nicht nur weiter als Sänger und Moderator auf, er schrieb auch noch ein paar Lieder – zunächst für andere, dann ab und zu für sich selbst. Sogar ins Studio ging er nochmal. So entstanden 2010 Neuaufnahmen seiner Hits „Och Verwandte, dat sin Minsche" und „Et Rheinpanorama". Die Lieder bekommen durch eine neue Instrumen-

2010 präsentierte Sebus drei alte Hits in neuem Gewand. Sein Freund Hans Süper spielte Flitsch bei der Neuinterpretation vom „Miese Lade".

tierung einen ganz neuen Charme. Bei der neuen Version von „Ne miese Lade" steuert Freund Hans Süper bereichernden Blödsinn bei.

Mit 92 Jahren veröffentlichte er das vielleicht schönste Lied seiner Karriere, eine Art Vermächtnis. „Alles su widder dun" heißt das Stück, das in Zusammenarbeit mit Wolfgang Löhr entstand. Nach einem Intro, das stark an Michael Jacksons „Earth Song" erinnert, lässt der Altmeister ein kölsches „I did it my way" folgen, in dem er in dreieinhalb Strophen plus Refrain sein Leben Revue passieren lässt. Er sei manchmal falsch abgebogen und hätte es nicht jedem recht gemacht, „doch et bliev minge Wäch". Nie weggelaufen sei er, mit dem Schicksal habe er gerauft. „Un hätt ming kölsche Siel och he un do ne Schrom, ich däht et alles su widder dun."

← *Hörprobe „Ne miese Lade"*

Gesungen von Ludwig Sebus & Hans Süper
Text & Musik: Ludwig Sebus, Toni Steingass
Verlag: Edition Melodia

M'r kann nit alles krigge (1976)

Text & Musik: Ludwig Sebus, Ted Borgh; Verlag: Edition Melodia

(Textabdruck mit freundlicher Genehmigung)

M'r kann nit alles krigge,
m'r kann nit alles han!
Wat nötze schon Millione,
wenn m'r nit laache kann!

Wat loors do su komisch us dinger Wäsch,
wat mähs do nor för e Geseech?
Zigg Woche schon mäht et kein Minsch d'r rääch
un ärgers dich övver en Fleeg.

Ich weiß, do gingks gähn, wie't Schmitze Marie,
sechsmol en d'r Woch nohm Friseur,
un hätt's och noch gähn drei Pelzmäntel mieh,
doch kannste m'r sage woher?

M'r kann nit alles krigge ...

D'r Rothschild, dat eß ene rische Mann
Un hät, wie m'r säht, ärg vill Geld,
Doch weiß do ov räuhig dä schlofe kann
Un wat ehn noch söns esu quält.

Wä immerzo nor noh bovve hin looht,
däm weed et Genick ganz flöck stief.
Sulang do gesund beß, geit et d'r got,
und freu dich doch, wenn et su bliev!

M'r kann nit alles krigge ...

Hörprobe „M'r kann nit alles krigge" ➜

Alles su widder dun (2017)

Text & Musik: Ludwig Sebus, Wolfgang Löhr; Verlag: Dabbelju

Die Uhr läuf immer wigger wie flöck verjeiht de Zigg
Su manches jeiht donevve doch miehstens hätt mer Glöck
Maht ich en all dä Johre nit jedem alles Räch
Wor falsch ens avjeboge doch et bliev minge Wäch

Ich däht et alles su widder dun
Un hätt ming kölsche Siel och he un do ne Schrom
Dat wat bliev es die Erinnerung
Ich däht et alles su widder dun
Ich däht et alles su widder dun

Ben nie dovun gelaufe, gefahre, mich gestallt
Dät met däm Schecksal raufe woodt off vun ihm gekrallt
Wor heimatsfän gefange, lett Hunger, Kält un Nut
Öm mänche Fründ dät bange, gedeilt et letzte Brut

Ich däht et alles su widder dun ...

Vill Gode un och Schmeichler, die krützte minge Wäch
Et hatt su mänche Heuchler an mingem Ast geság
Ne räächte Fründ zo stütze wann hä log en der Sod
Dat däht uns beidse nötze dat däht uns beidse got

Ich däht et alles su widder dun ...

En all dä lange Johre mir Levvensanker wore:
Famillich ming, wenn ich wor geschaff
Un Goddes Gnad gov mer die Kraff!

Ich däht et alles su widder dun ...

Hörprobe „Alles su widder dun" →

Das Gesamtkunstwerk

Ein Grandseigneur als engagierter Zeitzeuge

Der Plan ging nicht auf. Er wollte es ruhiger angehen lassen. „Ich habe gedacht, dass ich die Bühne nicht mehr brauche. Doch das habe ich wohl ein bisschen unterschätzt." Die Entzugserscheinungen kamen schneller als erwartet. „Ich habe gemerkt, dass ich die Bühne und das Publikum vermisse. Das war so, als wenn dir die Luft zum Atmen fehlt." Ludwig Sebus müsse „Bühnenluft" einatmen. „Man kann da nicht von ablassen. Und so war ich froh, dass mich die Leute angesprochen und eingeladen haben."

Im Rückblick hat Sebus mit seinem frühen offiziellen Rücktritt 1985 als 60-Jähriger wohl alles richtig gemacht. Als er der Kölnischen Rundschau in einem Interview die Gründe für seinen Ausstieg aus dem Karnevalsgeschäft erklärte, sagte er: „Es es mir zehnmol leever, wenn die Lück sage ‚Dä hätt doch noch e paar Johr singe künne', als wenn alle sagen: ‚Wat dä jitt et och noch?'" Er mache nun den „jüngeren Leuten" Platz. Entscheidender war aber etwas, das er damals noch nicht wissen konnte. Er bekam eine Art „Sonderstatus" in der kölschen Szene, wie er es nennt. Statt eines vielleicht peinlichen Relikts aus zu Ende gehenden Zeiten, das um seinen Platz in einer radikal veränderten Karnevalsmusikszene kämpfen musste, wurde er ein in Würde alternder kölscher Star. Andere haben diesen Zeitpunkt verpasst und mussten erleben, dass sich ihr Publikum während der Sitzungen oder bei Großveranstaltungen wie der Lachenden Sporthalle und später der Lachenden Kölnarena abwandte, um später Bläck Fööss, Höhner und Paveier frenetisch zu feiern. Man kann nur erahnen, wie sich der ein oder andere alternde Karnevalsinterpret in solchen Situationen gefühlt haben muss. Sebus war nicht auf die Honorare im Sitzungskarneval angewiesen und konnte seiner Devise treu bleiben, sich nicht zu verbiegen. Bis zu seinem 65. Lebensjahr arbeitete er als Verkaufsleiter bei der Firma Groten weiter.

Anstatt sich weiterhin Jahr für Jahr der Hektik und dem Stress des Kar-

Gipfeltreffen der Altmeister beim 95. Geburtstag von Gerhard Jussenhoven im Jahr 2006; v.l.n.r.: René Heinersdorff, Jürgen Flimm, Hildegard Krekel, Wolfgang Völz, Jochen Busse, Ernst Hilbich, Lotti Krekel, Ludwig Sebus, Günter Eilemann. Jussenhoven starb wenige Wochen nach dem großen Fest.

nevalsgeschäfts auszusetzen, fand er eine neue Rolle als Altstar, der mit viel Respekt und ehrlicher Verehrung als „Grandseigneur des Fastelovends" begrüßt wurde. Sein Charme und seine Höflichkeit, die nie Attitüde waren, machten ihn nun im Vergleich zu den Jeans und Karohemden tragenden Akteuren der neuen Bands und zu manch unvorteilhaft verkleideten Karnevalssenioren und -seniorinnen, die es nicht lassen konnten, zu etwas Besonderem: ein Mann mit Stil, Witz und Eleganz, im besten Sinne ein Entertainer alter Schule. Davon gab es auf Kölner Bühnen nur wenige. Gerhard Jussenhoven oder Willy Millowitsch gelang Vergleichbares, vielleicht weil sie es wie Sebus schafften, nicht nur mit einem Karneval vergangener Tage verbunden zu werden. Auch sie profitierten davon, dass sie beruflich nicht allein auf Stimmungs- und Schlagermusik angewiesen waren. Aber im Alter kam eben noch etwas anderes hinzu. Den dreien gelang es, noch mal ein neues Publikum zu finden. Jussenhoven war der „Großmeister der leichten Muse", wie der Kölner Stadt-Anzeiger schrieb; Millowitsch hatte spätestens mit seinem Auftritt 1992 vor 100 000 Menschen bei der Kundgebung „Arsch huh, Zäng ussenander" den generationsübergreifenden Status eines Volkshelden, dem Menschen zujubelten, die noch nie in seinem Theater waren.

Sebus fand seine neue Rolle gleich auf mehreren und sehr verschiedenen Bühnen. Weil sich das vielfältige Engagement im hohen Alter mit einer unglaublichen Vitalität verband, ist die Einschätzung des Machers des Edelweißpiratenfestivals und der Musikreihe des Humba e.V., Jan

Pressekonferenz mit Livegesang: Interpreten des Kölner Krätzjer Festes präsentieren 2018 das Programm des Festivals zur Würdigung der kölnischen Liedkultur im Stapelhaus.

Krauthäuser, wahrscheinlich die einfachste wie überzeugendste Erklärung für seinen großen Erfolg: „Ludwig Sebus ist ein Gesamtkunstwerk." Alles, was er tut, scheint er auch als über 90-Jähriger noch mit großer Leichtigkeit zu machen. Wenn er singt und erzählt, tut er dies mit Charme, Witz und ungebrochener Menschenliebe. Die Herzlichkeit mischt sich mit ein paar höchst unterhaltsamen Gemeinheiten, die ihm keiner verübeln kann. Und er hat Spaß daran, seine Zuhörer zu überraschen. „Wenn er mit einer seiner unnachahmlichen Moderationen beginnt, weiß man nicht, ob sie in eine Predigt oder in einen dreckigen Witz mündet", so Krauthäuser. Sebus gewinnt Anerkennung und Achtung, weil er eine besondere Persönlichkeit ist, meint Brauchtumsexperte und Weggefährte Reinold Louis. Er werde als „charakterfester Mann mit Prinzipien" für das, was er ausstrahlt, gefeiert. Und so sei – gewissermaßen im Rückblick – auch das Interesse an seinen Liedern wieder gewachsen.

Dem Karneval und der kölschen Musikszene blieb er als Interpret alter kölscher Lieder nach seinem offiziellen Rücktritt immer verbunden. Mit dem über einige Jahre erfolgreichen Projekt „Großer Melodienreigen kölscher Evergreens" präsentierte er mit anderen Solisten Hits zum Mitsingen, „ein Vorläufer von Loss mer singe", wie er meint. Durch die neuen Kontakte, die sich in den 90er Jahren über Krauthäuser und dessen Mitstreiter ergaben, fand er ein neues Publikum in der alternativen Karnevalsszene, das mit dem klassischen Sitzungskarneval nichts im Sinn hatte. 2018 war er „Headliner" eines musikalischen Generationentreffens zur Eröffnung des Kölner Krätzjer Festes im Gürzenich. Er spielte mit Jörg P. Weber und freute sich über die Rockemarieche, die ihre kölschen Geschichten zu ganz anderer Musik erzählen. Sebus baute mit großer Leichtigkeit Brücken zwischen Generationen und Milieus.

Der Grandseigneur wurde zum idealen Repräsentant für Köln und das „vaterstädtische Fest“. Die Traditionskorps des Kölner Karnevals nahmen ihn mit auf Auslandsreisen. Mit seinen Roten Funken fuhr er nach New York, wo er im Fernsehen interviewt wurde. Er repräsentierte Stadt und Land bei den Weltausstellungen in Vancouver und Seoul. Mit der Ehrengarde ging's auf Asientour und mit dem Reiterkorps Jan von Werth zur Weltausstellung nach Australien. Dort sollte er eigentlich mit dem Musikkorps der australischen Luftwaffe auftreten, doch als es so weit war, waren die Musiker verschwunden. Der Feldkaplan des Reiterkorps, Pfarrer Gerhard Herkenrath, sprang mit Gitarre ein. Und so sangen und spielten die zwei allein vor 66000 Zuhörern im Stadion von Brisbane. Es war das größte Livepublikum des Altmeisters.

Marie-Luise Nikuta und Ludwig Sebus in den Regenbogenfarben des Christopher Street Days.

Zur neuen Rolle gehörte ebenfalls, dass sich Sebus zu einem beliebten Moderator und Conférencier alter Schule entwickelte, der charmant plaudernd und singend durch eine Veranstaltung führte. Nach dem Tod des Sängers Toni Steingass übernahm er 1987 die Moderation des Funkenbiwaks auf dem Neumarkt und die Seniorennachmittage im Tanzbrunnen „für Jung und Alt mit Gästen aus der Manege und dem Showbusiness“, so der etwas hölzerne Titel der Open-Air-Veranstaltung. Später bekam sie den hübscheren Namen „Familje-Festivällche“. Bis zu seinem 80. Geburtstag stand er dort auf der Bühne. Auch bei anderen Veranstaltungen wurde er als Moderator engagiert. Beim 1. FC Köln hielt er als Nikolaus bei der Weihnachtsfeier des Vereins der Trainerlegende Hennes Weisweiler die Rute vor die Nase, er kommentierte die Schull- un Veedelszöch sowie den Rosenmontagszug.

Einen besonderen Job übernahm er für einen italienischen Radiosender: Für „Radio Fano" führte er mehrere Sommer lang durch ein deutschsprachiges Programm für Urlauber an der Adria. Ein simpler Erholungsurlaub war für Sebus nichts. Er habe immer etwas tun und unter Menschen sein müssen. So erhole er sich am besten. Will Glahé hatte ihn in den 1980er Jahren auf die schöne alte Hafenstadt zwischen Rimini und Ancona aufmerksam gemacht und ihm empfohlen, sich einfach mal bei dem Radiosender zu bewerben. So habe er da vorgesprochen und den Job bekommen. Viel Geld gab es nicht, aber ein schönes Hotel und die Möglichkeit, jeden Morgen im Mittelmeer zu schwimmen. Jeden Morgen sei er raus und anderthalb Stunden die Küste entlanggeschwommen. Danach setzte er sich ans Mikrofon, erfüllte Hörerwünsche und interviewte deutsche Schlagersternchen, Politiker und Sportler, die an der Adria Urlaub machten – jeden Tag von 11 bis 17 Uhr, einen ganzen Monat lang. Es war die Zeit, als man im Urlaub kleine Kofferradios mit an den Strand nahm. So war Sebus über acht Jahre lang Urlaubsbegleiter von Hunderttausenden am Adriastrand, der bis Ende der 80er Jahre das Lieblingsreiseziel der Deutschen war. Später war Sebus bei Radio Köln zu hören, wo er mit dem viel zu früh verstorbenen Burk Mertens moderierte. Als der regionale Fernsehsender Center TV 2005 auf Sendung ging, war er dort als Talkshow-Gastgeber dabei.

Bei der „Schrebergartentour" des Humba e. V. 2001 mit dem Musiker Carlos Robalo.

Werbung für die „Kölsche Weihnacht" in der Philharmonie 2009.

Bis zu seinem 88. Geburtstag führte er in der Kölner Philharmonie durch die Abende unter dem Titel „Kölsche Weihnacht – Et jeiht op Hillich Ovend aan". Was oft wie locker aus dem Ärmel präsentiert schien, war professionell vorbereitet. Die Qualität eines guten Moderators zeigt sich darin, dass er stets in der Lage ist, Lücken im Programm selbst zu füllen, sagt Sebus. Es könne immer mal einer ausfallen. „Ich hätte jeden Ausfall überbrücken können."

Das Weihnachtskonzert war ihm ein besonderes Anliegen, weil das Fest für ihn mehr ist als eine Unterbrechung der Karnevalssession. Dem gläubigen Mann ging es um „den Extrakt", wie er in einem Zeitungsinterview sagte. Oft werde die kölsche Weihnacht „benutzt, um in den Fastelovend einzusteigen". Diese Oberflächlichkeit habe mit der christlichen Weihnacht nicht mehr viel zu tun. Die Veranstaltung in der Philharmonie, die er 25 Jahre moderierte, stand auch für sein soziales Engagement. Die Besucher waren aufgefordert, Geschenke für Obdachlose mit in die Philharmonie zu bringen und unter einen Tannenbaum im Foyer zu legen.

Zusammen mit dem „Ludwig-Sebus-Fanclub" wurden Veranstaltungen für Senioren und Behinderte organisiert. Den Club gab es bereits seit 1977. Als er damals gefragt worden war, was er von so einem Fanclub halte, habe er mit gemischten Gefühlen reagiert. Popstars hatten Fanclubs, im Karneval gab es so etwas nicht. Er habe unter der Bedingung zugestimmt, dass ihn die Mitglieder bei sozialen Aktivitäten unterstützten. So machten sie Ausflüge für Bedürftige und besuchten Alte und Behinderte in

Seniorenheimen. Die enge Verbindung von Ludwig Sebus zu den Sozial-Betrieben Köln, ehemals Riehler Heimstätten, zeigte sich bei den alljährlichen SBK-Karnevalssitzungen. Hier moderierte Sebus als Präsident gar noch als 93-Jähriger.

Im Jahr 2009 wurde von allerhöchster Stelle sein Engagement für ein weiteres Anliegen gewürdigt. Der Kölner Stadtdechant und Päpstliche Ehrenprälat Johannes Bastgen überreichte in der Kirche St. Rochus eine Urkunde des Papstes Benedikt. Dieser hielt ihn für „würdig, das Ehrenzeichen des heiligen Kreuzes für Kirche und Papsttum zu tragen". Der Vatikan belohnte das Engagement von Ludwig Sebus für die Wiederbelebung des „Schweigemarsches zu schmerzhaften Mutter Gottes". In Anknüpfung an die jahrhundertelange Tradition der Wallfahrtsstätte in Kalk ziehen Männer schweigend und betend zur Kalker Kapelle. Nach dem Verbot der Prozession durch die Nationalsozialisten 1940 wurde der Bußgang, der später in Schweigemarsch umbenannt wurde, neu initiiert. Es war eine sehr kleine Schar Männer, der er sich damals anschloss, erinnert sich Sebus, ein ernüchterndes Bild, wenn man sich die Zehntausenden vor Auge führt, die in den Jahren bis 1940 mitgegangen waren und aus dem religiösen Ritual eine eindrucksvolle Demonstration gegen die Nazis machten. Für den frommen Mann ist dieser Schweigemarsch nicht nur ein spirituelles Ereignis. Es sei für ihn eine „Ehrensache" gewesen, die Tradition in Erinnerung an seinen Vater wieder zu beleben. Sebus versteht den Schweigemarsch bis heute als Demonstration. Er geht jedes Jahr mit. Nur einmal sei er krank gewesen.

Ludwig Sebus beim Weihnachtskonzert 2013 in der Philharmonie.

Zum Start des Jahres 2011 feierte er im zarten Alter von 85 noch einmal eine echte Premiere: Ludwig Sebus betrat als „Fürst Leopold Maria Lippert Weylersheim" die Operettenbühne. Die Kölner Opernin-

Mit 85 Jahren Debütant auf der Operettenbühne als Fürst Leopold in der knallbunten Inszenierung der „Csárdásfürstin".

tendantin Birgit Meyer hatte ihn überreden können, in der Inszenierung der „Csárdásfürstin" mitzumachen – nicht als Sänger, sondern als Schauspieler. In Köln war die Operette von Emmerich Kálmán zuletzt in den 40er Jahren im Williams-Bau mit Marika Rökk und Johannes Heesters aufgeführt worden. Nun wagte die Kölner Oper eine Neuinszenierung, die für Debatten beim Publikum sorgte. Aus dem Unterhaltungsklassiker wurde eine „Travestie-Revue" mit „sehr nettem Klamauk im Narrenkäfig", wie die „Kölnische Rundschau" schrieb – und Ludwig Sebus war als jugendlicher Liebhaber mittendrin. Er habe erst gezögert, die Rolle anzunehmen: „Das war nicht meine Welt. Da spielen doch Leute, die jahrzehntelang ihr Studium hinter sich gebracht haben", erinnert er sich an die Worte, mit denen er der Opern-Intendantin erst einmal absagte. Außerdem habe er nicht gewusst, wie er so viel Text lernen sollte. Doch weil Meyer nicht aufgab und ihm zubilligte, selbst die Zweitbesetzung vorschlagen zu dürfen, ließ er sich schließlich darauf ein. Weil er nichts über die Art der Inszenierung wusste, habe er beim ersten Treffen des Ensembles ziemlich gestaunt. „Wo ist denn die Dame, die die Fürstin spielt?", habe er gefragt. Dann wurde ihm der Schweizer Künstler Christoph Marti als Hauptperson der geplanten Kostümschlacht vorgestellt. „Wo bin ich hier nur hingeraten?", habe er sich gedacht. Vielleicht hätte er doch abgesagt, wenn er vorher gewusst hätte, wobei er mitmachen sollte. Aber dann hätte er die „absolut netten und respektvollen Leute" nicht kennengelernt. So lernte er 36 Seiten Text, nachdem er sich Tipps bei Lotti Krekel und Samy Orfgen geholt hatte, und ließ sich am Küchentisch von Inge Hellwig abhören. 19 Aufführungen waren im Opernausweichquartier Palladium geplant, sieben davon sollte die Zweitbesetzung übernehmen. Den Job hatte Sebus seinem Freund Reinold Louis zum Geburtstag geschenkt.

Das Spiel um die schwule Fürstin fand unterschiedliche Resonanz. Von der „Kölnischen Rundschau“ gab's viel Lob für die „liebevoll parodierende“ Umsetzung des „Ringens um große und kleine Gefühle, ohne daraus eine tolldreiste rosa Karnevalsveranstaltung zu machen“. Für Markus Schwering, den Premierenberichterstatter des „Kölner Stadt-Anzeiger“, war es ein eher misslungener Abend. Er habe in dem an Rundtischen bestuhlten Raum „in zahlreiche sedierte Gesichter blicken müssen, in denen sich nicht die Andeutung eines Lächelns zeigte – bei einem Operettenabend ein schlechtes Zeichen“. Der Darsteller des Fürsten Leopold kommt jedoch auch bei ihm gut weg. Das „kölsche Urgestein“ stelle seine Figur „würdevoll vital“ dar, ist zu lesen. Die Rundschau schreibt: „Ehrengast Ludwig Sebus wirkt als kölscher Adel authentisch zwischen Fototapete und Käse-Igel.“ Intendantin Birgit Meyer lobt ihn als „großartigen Fürsten mit viel Charme und großem schauspielerischem Talent“. Leider sei es nur eine Sprechrolle gewesen. „Gerne hätte man Ludwig Sebus auch auf der Opernbühne erlebt!“

Der Schweizer Sänger und Schauspieler Christoph Marti (vorne), besser bekannt als Ursli Pfister aus dem Kabarettduo Geschwister Pfister, übernahm in der Kölner „Csárdásfürstin“ die Titelrolle.

Für ihn selbst war es ebenfalls eine tolle Sache. „Ich habe mir auf die Schulter geklopft, dass ich in hohem Alter zu Operettenehre gekommen bin.“ Auch das ganze Drum und Dran dieser ihm bis dahin unbekannten Szene hat ihm Spaß gemacht. „Ich weiß nun, warum die Oper so teuer ist.“ Jeden Tag hätte in der Umkleide frische Unterwäsche bereitgelegen, obwohl er doch welche anhatte. „Wofür ich die brauchen

Zwei engagierte Zeitzeugen der unangepassten Jugend in der NS-Zeit und begeisterte Karnevalisten: Jean Jülich feierte 2009 in der Mülheimer Stadthalle seinen 80. Geburtstag.

sollte, weiß ich nicht. Dazu Socken, drei Paar Stiefel und drei Garnituren Montur.“ Er habe eine „Kammerzofe“ und einen „Kammerdiener“ gehabt, der immer drei Schritte mit einem Handtuch hinter ihm hergelaufen wäre, wenn er zur Dusche ging. „Später habe ich diese Dienste sehr vermisst.“

Neben dem Operettenpublikum, das dem Wirken eines Manns des gepflegten Stimmungsliedes sicher nicht völlig fremdelnd gegenüberstand, erschloss sich für Sebus in hohem Alter noch ein ganz neuer Kreis an Zuhörern. Sein Leben als Jugendlicher während der NS-Zeit, seine Erinnerung an Krieg und Gefangenschaft und seine Warnung an die nachfolgenden Generationen machten ihn zunehmend zu einem gefragten Zeitzeugen. Die Liebe zu Köln und dem Fastelovend verband sich – ähnlich wie bei Edelweißpirat Jean Jülich – mit einem politischen Appell, sich für Frieden und Demokratie einzusetzen. Sebus und Jülich kannten sich lange, der Sänger war Gast der Karnevalssitzung, die Jülich organisierte. „Die Edelweißpiraten waren mir immer sympathisch.“ Die Gruppe sei lange Zeit nicht richtig beachtet worden, kritisiert er. Tatsächlich herrschte jahrzehntelang vor allem Schweigen, wenn es um die Jugendgruppe während der NS-Zeit ging, bevor dann noch einmal eine hochemotionale Debatte über die Edelweißpiraten ausbrach, die wenig Respekt vor der Lebensleistung von Männern wie Jülich zeigte. Erst 70 Jahre nach Kriegsende gelang es Historikern des NS-Dokumentationszentrums und verschiedenen Initiativen, einen angemessenen Umgang mit den Gruppen der „unangepassten Jugendbewegungen“ in der NS-Zeit durchzusetzen. Es ging nicht mehr um die wenig sinnstiftende Debatte, ob man ihr Verhalten als „Widerstandskampf“ bezeichnen kann oder nicht, sondern um die Würdigung von Jugendlichen, die sich anders verhalten hatten als das Gros der Mitläufer und Mittäter. So ging der Blick über die von einigen zu Helden erklärten und von anderen als Verbrecher diskreditierten Edelweißpiraten hinaus. 2004 präsentierte das NS-Dokumentationszentrum mit der viel beachteten Ausstellung „Von Navajos und Edelweißpiraten“ und einer umfänglichen Datenbank ein differenziertes Bild zum Stand der Forschung. Es gab mehrere Gruppen – darunter auch die katholischen Sturmscharen oder „PX-Gruppen“ –, die aus oft sehr unterschiedlichen Gründen die NS-Herrschaft ablehnten, sich nicht dem Alleinvertretungsanspruch der „Hitlerjugend“ unterordnen wollten und sich deshalb Repressionen und Verfolgung ausgesetzt sahen. Die Bezeichnung „unangepasstes Jugendverhalten“ im Ausstellungsuntertitel trifft gut, um was es geht. Neben dem Tragen einer Kluft und sehr ähnlichen Freizeitaktivitäten bei Fahrten, Wanderungen und Zeltlagern gab es ein weiteres verbindendes Element zwischen all diesen Gruppen: Es war die Freude am Singen von sogenannten Fahrtenliedern.

„Wir lachen, wenn sie uns hetzen.“ Ludwig Sebus 2017 als Gast beim Talkgottesdienst im Zusammenhang mit dem Edelweißpiratenfestival.

An diese spannende Verbindung zwischen Liedkultur und politischer Opposition ließ sich gut anknüpfen, wenn es darum ging, das Andenken an diese Gruppen wachzuhalten. Der singende Zeitzeuge Sebus wurde in diesem Kontext nicht nur zu einem gefragten Gesprächspartner. Er fand neue Bühnen, die er mit ganz neuen musikalischen Partnern bespielen konnte. Nach jahrzehntelangem Gesang zu Playbacks ließ er sich sogar wieder für handgemachte Livemusik gewinnen: mit einer kleinen Band um Herbert Schmidt, als „Magic Flönz" am Akkordeon, und den Gitarristen Rudi Rumstajn, der sich für die Kultur der „Zigeuner" engagiert. Es entstanden ganz neue Verbindungen, so zum Geiger Markus Reinhardt, der sich genau wie Rumstajn für die Erinnerung an die während der NS-Zeit verfolgten Sinti und Roma und die Integration ihrer

Zusammen mit Rudi Rumstajn und Herbert „Magic Flönz" Schmidt 2015 bei der „Loss mer singe"-Sitzung im Tanzbrunnen.

Nachfahren einsetzt. „Man kann so viel von Ludwig lernen", sagt Rumstajn. „So viel Güte, Herz, Kraft, Charme und Offenheit." Als er Sebus kennengelernt habe, habe er ihn an Menschen erinnert, die er als Kind im Zirkus erlebt habe, als er mit seiner Familie durch das ehemalige Jugoslawien zog. „Musik verbindet die Menschen."

Sebus trat mit seinen neuen Begleitern nicht nur bei Kneipenkonzerten des „Singenden Holunders", bei „Loss mer singe" oder der Humba Party auf, wo er 2019 von Krauthäuser als „Jungspund" angesagt wurde. Der Konzertorganisator und querdenkende Aktivist präsentiert ihn auch beim „Edelweißpiratenfestival" im Kölner Friedenspark. Über Musik und allerlei begleitende Aktivitäten ist es hier seit 2005 gelungen, ein sehr lebendiges und sehr zeitgemäßes Denk- und Mahnmal in Erinnerung an die unangepasste Jugendkultur während der NS-Zeit zu schaffen.

Berührungsängste hat das CDU-Mitglied in diesem eher links-alternativen Milieu nicht. Dass er bei Wahlen „eher der CDU zugeneigt“ ist, wie er sagt, sei nie ein Hinderungsgrund gewesen, um beste Kontakte zu Vertretern anderer politischer Richtungen zu pflegen. Entscheidend sei der Einsatz für die Demokratie, findet Sebus. Er hat sich prima mit den langjährigen SPD-Oberbürgermeistern Norbert Burger und Theo Burauen verstanden. Mit Burauen, den er aus dem Altermarktspielkreis kannte, verband ihn eine enge Freundschaft. Mit Norbert Burger traf er sich bis zu dessen Tod beim Stammtisch „Spät do, früh voll“, zu dem allerlei kölsche Prominenz gehörte. Für ihn ist wichtig, dass Politiker Tatkraft zeigen. „Vielen geht es aber nur um Macht, Geld und Eitelkeiten.“ Dann werde man mit „Blabla“ vertröstet, anstatt etwas für die Menschen zu tun. Er glaubt, dass zu viele Politiker Trends hinterherlaufen und alles tun, um kurzfristig Wählerstimmen einzusammeln. Ihm sei aber eine klare Haltung wichtiger. Politiker sollten ihrem Gewissen folgen und nicht dem Fraktionszwang. So überrascht es nicht, dass sein Parteieintritt 1955 nicht die Folge von intensiven programmatischen Auseinandersetzungen, sondern eine persönliche Begegnung mit dem Bundeskanzler war.

Das eigene Telefon war im Hause Sebus noch eine neuere technische Errungenschaft, als sich am anderen Ende der Leitung eine Frau mit „Bundeskanzleramt“ gemeldet habe. „Da habe ich gesagt: Hier ist die Friedhofsverwaltung Melaten.“ Er habe gedacht, dass ihn da jemand auf den Arm nehmen wollte. Tatsächlich sprach er mit einer der Sekretärinnen des Kanzlers, die den Auftrag hatte, im Namen Konrad Adenauers danach zu fragen, ob denn der Kanzler in einer Rede aus seinem Liedtext „Jede Stein en Kölle“ zitieren dürfte. Adenauer wollte zum 65. Geburtstag der Kölner Sozialpolitikerin Sibille Hartmann sprechen. „Ich habe das natürlich erlaubt: Solange der Herr Bundeskanzler sich nicht als Ludwig Sebus ausgibt, ist das kein Problem.“ Am nächsten Tag klingelte das Telefon wieder. Die Sekretärin teilte ihm mit, dass sie alles wörtlich ausgerichtet habe, worauf der Bundeskanzler nun fragen ließ, ob er nicht mit auf die Geburtstagsfeier kommen wolle. Sebus nahm die Einladung an und hörte nicht nur bei der Laudatio des Kanzlers zu. Er durfte danach an Adenauers

Tisch Platz nehmen. „Ich sah, wie sich dieser Mann einfach, humorig, nett, sympathisch und klar als Mensch zeigte. Das hat mich direkt berührt." Die Art, wie Adenauer mit ihm und anderen sprach, habe ihn so beeindruckt, dass er in die CDU eingetreten sei. „Ich bin ein verhaltenes Mitglied." Er habe Adenauer immer mal wieder gesehen. Den Kontakt habe er vor allem über Adenauers Sohn Max, der von 1953 bis 1965 Oberstadtdirektor in Köln war, gehalten. Der habe dem Kanzler immer wieder seine neuen Platten geschickt. Auch Max Adenauer gehört für Sebus in die Reihe guter Politiker. Lob gibt es ebenso für den CDU-Oberbürgermeister Fritz Schramma und die parteilose Oberbürgermeisterin Henriette Reker. „Die Frau bewegt sich menschlich. Ich mag sie." Sebus wünscht die Wiederbelebung der Idee einer „kölschen Fraktion" – ein Begriff, den Theo Burauen geprägt hat. Die Kölner Interessenvertreter in den Parlamenten und anderen Gremien sollen an einem Strang ziehen und parteitaktische Überlegungen zurückstellen, um gemeinsam mehr für Köln zu erreichen.

Es liegt in seiner Natur, sich mit fast allen gut zu verstehen. Wenn es aber um rechtsextreme und rechtspopulistische Gruppen und Parteien geht, wirbt er für Distanz und klare Kante. „Alle Parteien von rechts bringen Verderben mit. Man muss auch in der Demokratie immer wieder hellwach sein, um gefährliche Entwicklungen früh zu erkennen", mahnt er. Bei einem sogenannten „Talkgottestdienst" in der evangelischen Lutherkirche im Rahmen des Edelweißpiratenfestivals wurde er vom Südstadtpfarrer Hans Mörtter nach der rechtspopulistischen AfD gefragt. Sie ködere die Unzufriedenen und distanziere sich nicht von Radikalen, antwortete Sebus. „Mit denen muss man klare Worte sprechen, dass ihre ganze Haltung nicht der Demokratie entspricht."

So ist er dabei, wenn es um Proteste gegen Fremdenfeindlichkeit, Rassismus und Rechtsextremismus geht. Er wolle jungen Menschen vermitteln, wie hoch das Gut der Freiheit und wie wertvoll die Demokratie ist, beschreibt er seine Motivation. In Diskussionen, auf Podien oder bei Kundgebungen berichtet er von der Zeit, „als die Nazis die Stadt in ihre Gewalt zogen und vom ersten Tag an Hass und Gewalt zunahmen". Er sagt, dass sich zu viele im Glauben, man könne diese Zeit einfach angepasst überdauern, in Schreckliches hineinziehen ließen. Seine Mahnung verbindet sich stets ganz selbstverständlich mit dem Appell, die mutmaßlich kölsche Tugend der Toleranz hochzuhalten. Es gehe darum, sich „klar zu bekennen, wofür wir Kölner stehen: Toleranz, Völkerverständigung und Anerkennung der Menschen, die hier leben“, meint er in einem Video, das 2017 für das Benefizfestival „Herz statt Hetze“ warb.

Ludwig Sebus glaubt, dass es tatsächlich so etwas wie die von ihm besungene „kölsche Siel“ gibt. Die Kölschen hätten „von innen heraus ein Gespür dafür, auf andere zuzugehen, mit anderen in Kontakt treten zu wollen, um etwas von ihm zu erfahren“. Es geht hier um mehr als die oberflächliche Kontaktaufnahme. „Die meisten Kölner haben die Fähigkeit anderen Zuspruch zu geben. Da gibt es einen direkten Weg, um auf andere zuzugehen. Wenn die Bläck Fööss ‚Drink doch eine met‘ singen, geht es genau darum: Geh auf den anderen zu, wenn es ihm nicht so gut geht. Das ist der Grundgedanke.“ Auch wenn sich in der wachsenden Stadt so viel verändere und das Zusammengehörigkeitsgefühl schwächer werde, weil die Stadtviertel zu groß werden und zu viele „Gruppierungen“ nichts mehr miteinander oder mit ihrem Veedel zu tun haben wollen, sei Köln im sozialen Bereich immer noch vorbildlich. „Es gibt viele hilfsbereite Menschen, die immer wieder bereit sind, für andere da zu sein.“ Da könne die Politik viel von lernen.

Auf der Bühne des Kulturfestes „Birlikte“, das in Erinnerung an den rechtsradikalen Nagelbombenanschlag in der Mülheimer Keupstraße initiiert wurde und 2015 wegen einer Demo von Rechtsextremen vor dem Deutzer Bahnhof wiederholt wurde, sagte er im Gespräch mit dem Sprecher der AG Arsch huh, Hermann Rheindorf: Die Steine zum Wiederaufbau der Stadt nach dem Zweiten Weltkrieg hätten Flüchtlinge „jekloppt wie mir Kölsche“. Diejenigen, die in die Stadt kommen, sollten hier leben können – egal, ob sie hier geboren sind oder nicht. „Wer fühlt, für die Stadt verantwortlich zu sein, es ene Kölsche.“ Dann ließ er die vielen Zuhörer in Mülheim wissen, dass neben der klaren Abgrenzung gegen Rechts immer hilft, wenn man die „Probleme locker und menschlich angeht, mit einem kleinen Schuss Humor dabei“. Es gab tosenden Applaus, bevor er mit Brings-Musiker Kai Engel am Klavier den Refrain von „Jede Stein en Kölle“ vorträgt.

Der Kontakt zur Künstlerinitiative bestand seit 1997. Sie hatte ihn eingeladen, zusammen mit Gerhard Jussenhoven im Rahmen einer Musik-

Im Gespräch mit dem Sprecher der „AG Arsch huh" Hermann Rheindorf auf der Bühne bei der „Birlikte"-Kundgebung in Deutz warnt der Zeitzeuge vor Rechtsextremismus und Fremdenfeindlichkeit.

revue in der Philharmonie den Schlager „Die hinger de Jardinge stonn" zu interpretieren. Der großartige Song, den Jussenhoven für Jupp Schlösser 1937 vertont hat, ist eine gekonnte Anspielung auf den herrschenden Zeitgeist, das Denunziantentum und das Blockwartsystem der NS-Zeit. „Arsch huh"-Sprecher Rheindorf meint, dass noch Ende der 1990er Jahre die Legende von Köln als Stadt, die den Nationalsozialisten im Grunde widerstanden habe, noch weit verbreitet war – „eine Geschichtsfälschung, die mit Ludwig nicht zu machen war". Sebus sei „als Wertkonservativer in der Lage, über die Generationen und politischen Lager hinweg zu wirken und Interesse für sich zu wecken. Er ist ein Glücksfall für die nachkommenden Generationen und ein Glücksfall für Köln".

Frieden ist nicht selbstverständlich, sagt der Mann, der Krieg und Gefangenschaft erlebt hat. Es sei schwierig, das einer jungen Generation zu vermitteln, die nichts anderes kenne. „Wir leben in einer langen Phase des Friedens. Es ist wichtig, das zu erhalten." Die Voraussetzungen dafür seien Toleranz und „ein friedliches Denken". Und dazu bedarf es einer „Erziehung zur Höflichkeit". Für Sebus ist das keine Frage von inhaltsleeren Umgangsformen, sondern Ausdruck einer Haltung. „Die ungemein herzliche Zuwendung zu den Menschen ist ein ehrliches Interesse", sagt Tochter Monika Rück. Dass man jedem anderen Menschen mit Achtung und Respekt zu begegnen habe, ist tiefe Überzeugung. Höflichkeit ist für ihn der Ausdruck von Akzeptanz. „Wer höflich ist, akzeptiert den anderen, und fängt keinen Krach an; er ist geneigt, die Dinge zu entspannen", so Sebus. „Wir müssen wieder in Achtung zueinanderkommen."

QR-Codes

Alle Hörproben kompakt auf zwei Seiten

Bitte die QR-Codes mit dem Smartphone scannen/fotografieren.
Sie gelangen dann per Link zu Hörproben der entsprechenden Lieder.

Jede Stein en Kölle
(1955)
Text & Musik:
Ludwig Sebus, Theo Steil
Verlag: Papagayo

Bierwalzer
(1963)
Text & Musik:
Ludwig Sebus, Willy Haas, Karl Erpel
Verlag: Edition Supra Will Glahe

M'r kann nit alles krigge
(1976)
Text & Musik: Ludwig Sebus, Ted Borgh
Verlag: Edition Melodia

Alles su widder dun

(2017)

Text & Musik:
Ludwig Sebus, Wolfgang Löhr;
Verlag: Dabbelju

Ne miese Lade

(2010)

Text & Musik:
Ludwig Sebus, Toni Steingass
Verlag: Edition Melodia

Dä Elefant

(2005)

Gelesen von Ludwig Sebus

Foto: © Grönert

Helmut Frangenberg, 1966 in Köln geboren, arbeitet als Autor und Redakteur des „Kölner Stadt-Anzeiger". Der Journalist ist Mitstreiter der Initiative „Loss mer singe", Erfinder und Präsident der Weetschaffssitzung „Jeckespill", Organisator des alljährlichen „Kölner Krätzjer Festes" und künstlerischer Leiter der CD-Reihe „Kölsche Heimat". Er hat die Köln-Krimis „Marathon" und „Trümmer" und zahlreiche Aufsätze und Texte in Sammelbänden geschrieben. Er ist Autor der Biografien der Kölner Originale Hans Süper und „Oma Kleinmann", Kultwirtin aus dem Kölner Kwartier Latäng. Zuletzt hat er als Herausgeber einen Sammelband zur Bewegung „Arsch huh, Zäng ussenander" publiziert und einen Führer für Stadtwanderer durch die Vielfalt der Großstadt geschrieben („Zo Foß durch Kölle jonn").

Der Autor dankt allen, die mit Rat und Tat, Erinnerungen und Interviews geholfen haben, dass diese Biografie geschrieben werden konnte. Ein besonderer Dank gilt Matthias Schumacher vom Archiv des Kölner Karnevalsmuseums für seine Unterstützung bei der Suche nach Bildmaterial und für die Bereitstellung von Fotos aus dem Archiv. Auch konnten Bilder aus dem Archiv der Roten Funken und der Willi-Ostermann-Gesellschaft genutzt werden. Dank gebührt auch Dieter Schmidt und Helmut Wurm, die die Einsicht und Veröffentlichung der „Chronik des Haus Büchel" möglich gemacht haben.

Fotonachweise

Titelbild Fotograf: Heribert Nagel © Privatarchiv Ludwig Sebus
Umschlagfoto innen © Werkladen Conzen (mit frdl. Genehmigung)
Seite 04 © Thomas Schmidt (mit frdl. Genehmigung)
Seite 07 © Veronika Broichhausen-Bestle (mit frdl. Genehmigung)
Seite 10 © Rheinisches Bildarchiv (mit frdl. Genehmigung)
Seite 11 © Archiv der Roten Funken (mit frdl. Genehmigung)
Seiten 17/18/73/79/113 © Archiv Kölner Karnevalsmuseum (mit frdl. Genehmigung)
Seite 21 © NS-Dokumentationszentrum der Stadt Köln (mit frdl. Genehmigung)
Seite 28 © Landesarchiv NRW (mit frdl. Genehmigung)
Seite 30 Fotograf: Theo Felten © NS-Dokumentationszentrum der Stadt Köln (mit frdl. Genehmigung)
Seite 37 Fotograf: Walter Dick © Werkladen Conzen (mit frdl. Genehmigung)
Seiten 40-48/56-57 © Repro: Helmut Frangenberg
Seite 61 © Foto: Helmut Frangenberg
Seite 109 © Archiv Muuzemändelcher/Reinold Louis (mit frdl. Genehmigung)
Seiten 127/132/134 Fotograf: © ZIK (mit frdl. Genehmigung)
Seite 133 Fotograf: © Arton Krasniqi (mit frdl. Genehmigung)
Seiten 135/140 Fotograf: © Norbert Ramme (mit frdl. Genehmigung)
Seite 137 Fotograf: © Stefan Worring (mit frdl. Genehmigung)
Seiten 138/139 Fotograf: Paul Leclaire © Bühnen der Stadt Köln (mit frdl. Genehmigung)
Seite 142 Fotograf: © Ralf Löbach (mit frdl. Genehmigung)
Seite 146 Fotografin: © Martina Goyert (mit frdl. Genehmigung)
Seiten 12-16/26/29/34/35/40/43/50/53/66/67/71/77/80-105/110/111/114-124/140 © Privatarchiv Ludwig Sebus (mit frdl. Genehmigung)